[redacted]

[redacted]

*Über das Buch und die Autorin* In ihrem Tagebuch erzählt Joëlle Augerolles – 40 Jahre, verheiratet, ein sechsjähriger Sohn – zunächst von einem eher alltäglichen Frauenleben. Ihre Beziehung zu ihrem Mann Pierre ist nach 20jähriger Ehe nur noch konventionell, belanglos. Zwischen ihnen herrscht meist Schweigen. Renaud, der kleine Sohn des Paares, ist ein schwieriges, gestörtes Kind, das die Mutter durch sein widerspenstiges, aggressives Verhalten aus der Fassung bringt. Sie selbst versinkt immer mehr in Einsamkeit, Versagerängsten, einem Gefühl der Sinnlosigkeit, der tiefen Depression. Um ihr Leben wieder bewältigen zu lernen, sucht sie Hilfe bei einem Analytiker, beginnt eine Psychoanalyse.

Zunächst gelingt die therapeutische Beziehung. Joëlle faßt Vertrauen zu Dr. Sachs, eine positive Übertragung stellt sich her, die Patientin beginnt den Analytiker zu idealisieren, verliebt sich in ihn: ein – in Maßen – wünschenswerter Effekt in einer Therapie, sofern es der Analytiker versteht, die Übertragungsliebe zu steuern und so zu handhaben, daß die Beziehung nicht entgleist. Dr. Sachs jedoch nutzt die Abhängigkeit seiner Patientin schamlos aus. Ihm ist sehr viel mehr daran gelegen, seine eigenen sexuellen Wünsche zu befriedigen, als sich um die psychische Stabilität der ihm ausgelieferten Frau zu kümmern.

Das Tagebuch von Joëlle Augerolles zeichnet den Leidensweg einer Patientin nach, die von ihrem Analytiker in unheilvoller Weise abhängig gemacht und mißbraucht wird und deren Leben im Chaos einer fehlgeschlagenen therapeutischen Beziehung unterzugehen droht.

Daß die Freudsche Abstinenzregel häufig genug gebrochen wird und Verführung auf der Couch Patientinnen in seelische Katastrophen stürzt, ist ein inzwischen offenes Geheimnis – auch wenn noch immer von professioneller Seite versucht wird, den Mantel des Schweigens darüber zu decken.

Ein erschütternder Bericht über den Mißbrauch von Macht.

Joëlle Augerolles

# Mein Analytiker und ich

## Tagebuch einer verhängnisvollen Beziehung

Aus dem Französischen von
Widulind Clerc-Erle

Fischer Taschenbuch Verlag

Die Frau in der Gesellschaft
Lektorat: Ingeborg Mues

9.–13. Tausend: Juni 1991

Deutsche Erstausgabe
Veröffentlicht im Fischer Taschenbuch Verlag GmbH,
Frankfurt am Main, Mai 1991

Titel der französischen Originalausgabe:
»Mon analyste et moi. Journal«

Umschlaggestaltung: Barbara Brümmer unter Verwendung eines
Gemäldes von François-Edouard Picot,
›L'Amour et Psyché‹, 1817, Louvre, Paris
© Photo R.M.N.
Gesamtherstellung: Clausen & Bosse, Leck
Printed in Germany
ISBN 3-596-10401-7

»Das Problem ist, daß niemand weiß, was sich im Behandlungszimmer eines Psychoanalytikers abspielt. Das Geheimnis, das die Analyse schützt, erlaubt es – leider! –, daß man dabei alle möglichen Dinge tut.«

*André Green*
Tagung der Gesellschaft für Psychoanalyse in Paris, 14.–15. Januar 1989

*Malakoff, im März*

Meinem Sohn, Renaud, geht es nicht gut. Jeden Morgen auf dem Schulweg das gleiche Drama: Er klammert sich an mir fest, von Angst geschüttelt. Nichts vermag ihn zu beruhigen. Jeden Tag wiederholt er unablässig: »Mama, ich will nicht in die Schule!«

Voller Schrecken bemerke ich seine mangelnde Anpassungsfähigkeit in der Klasse, und das macht mich ganz fertig. Ich fühle mich in eine Mutter-Kind-Beziehung verstrickt, die ebenso verhängnisvoll ist wie die, die ich mit meiner eigenen Mutter erlebt habe. Ist schon alles im voraus bestimmt? Manchmal glaube ich es.

Übrigens stelle ich auch keinerlei Besserung durch seine Behandlung fest: Seit einem Jahr bringe ich Renaud einmal in der Woche zu Frau D..., einer Kinderpsychologin, die sich mit ihm unterhält. Ich weiß nichts über diese Beziehung: Renaud selbst redet nicht mit mir darüber. Er kommt zurück ins Wartezimmer, manchmal fröhlich, manchmal wütend. Ich stelle ihm keine Fragen. Der Leiter des Kinderberatungszentrums, Dr. T..., bittet mich von Zeit zu Zeit in sein Büro, um mit mir über meine Beziehung zu meinem Sohn zu sprechen. Und jedesmal erkundigt er sich erneut:

»Wann haben Sie Ihre Analyse unterbrochen? Ist es schon lange her?«

»Ein paar Monate vor Renauds Geburt.«

»Meinen Sie nicht, daß Sie... vielleicht... wieder...«

»Nein, ich will nicht wieder damit anfangen... Es ist zu schwer... Ich habe zu sehr gelitten... Jetzt geht es mir besser... Außerdem könnte ich mir das gar nicht leisten, es ist zu teuer...«

»Das wäre kein Problem... Die Behandlung würde die Kasse übernehmen. Ich könnte das in die Wege leiten.«

*Malakoff, 9. April*
Eine Woche Einsamkeit. Pierre, mein Mann, und Renaud sind heute morgen nach Les Prades gefahren. Heute nachmittag habe ich die Wohnung in Ordnung gebracht, Staub gesaugt, gestrickt und aus dem Fenster geschaut, weil die Kinder unten so laut gelacht haben. Um sechs Uhr habe ich mich entschlossen, mir »Saturday night fever« im Kino um die Ecke anzusehen. Ich war ganz hingerissen von dem Tänzer, und eine Welle von Sinnlichkeit stieg in mir auf. Ich fühle mich schrecklich frustriert: Der liebevolle Blick eines Mannes – wie lange ist das her? Ich bin jetzt vierzig Jahre alt und finde, daß alles schon zu Ende ist. Die Zeit ist so rasch vergangen, und es gibt so vieles, nach dem ich mich sehne. Ich brauche Zärtlichkeit, ich brauche einen Mann, der neben mir einschläft...

*Malakoff, 12. April*
Ich rufe Renaud in Les Prades an: Er wird heute sechs Jahre alt, und ich gratuliere ihm zum Geburtstag. Ich höre seine helle, fröhliche Kinderstimme:
»Weißt du, wieviel Kaninchen ich habe?«
»Nein...«
»Sieben. Die Mutter hat sechs Junge geworfen. Sie ist jetzt viel sanfter. Erinnerst du dich noch, wie sie gefaucht hat, wenn jemand an ihren Käfig ging?... Ja, mach's gut, Mama, draußen schneit es...«

*Les Prades, 15. April*
Ich bin bei Pierre und Renaud auf dem Land. Es macht mir Freude, die vertraute Ferienumgebung wiederzufinden. Mein Tagebuch nehme ich überallhin mit: Es ist der Vertraute meiner Gedanken geworden.
Die C.... sind aus Brive gekommen, und wir haben zusammen eine lange Waldwanderung gemacht. Von dem Gewitter, das sich ankündigte, haben wir uns nicht abhalten lassen: Ein Sturm kam auf, der die schweren schwarzen Wolken vom Himmel vertrieb. Danach war alles in ein rosafarbenes Licht getaucht.

Die boshafte Neugier meiner Mutter, der gehässige Blick, mit dem sie die Menschen und die Dinge mustert, machen mich ganz krank. Bin ich herzlos, weil ich so wenig Mitleid mit ihrer Einsamkeit in diesem zwischen Wald und Heide verlassenen Dorf habe? Ich denke oft über ihre Vergangenheit nach; die Bilanz ist traurig: Ein schweres Leben, ohne Freude, ohne Liebe, Kinder, die sie nicht wollte und die sie nicht geliebt hat, ein durch Unwissen und Armut verpfuschtes Leben. Und ist sie etwa schuld daran? Natürlich nicht. Sie ändert sich auch nicht: Sie bleibt eine alternde, unglückliche, einsame Frau, die an nichts und niemandem hängt.

*Sonntag, 16. April*
Ein ruhiger Morgen auf dem Land. Die frische Luft in meinem Zimmer. Ich höre, wie meine Nachbarin Holz hackt, und das Zwitschern der Meisen im Holundergebüsch. Renaud und sein Freund Philippe stehen auf der Gartenmauer und beobachten »ein ganzes Rudel von Rehen«, die auf dem Hügel gegenüber äsen. Manchmal falle ich auf ihr Spiel herein und glaube selbst an die Rehe.

*Dienstag, 18. April*
Mit einem Messer in der Hand und einem Korb am Arm wandern wir hinunter nach Montvalet, um auf den sonnigen Wiesen nach Löwenzahn zu suchen. Und ich habe Glück: Ich entdecke ein ganzes Nest. So nah am Stengel wie möglich stoße ich das Messer in die Erde, eine halbe Drehung, um die Wurzeln wegzuschneiden, und schon läßt sich die Pflanze ganz einfach aus dem Boden ziehen. Währenddessen watet Renaud durch einen Wassergraben. Ich ermahne ihn, achtzugeben, daß ihm das Wasser nicht in die Stiefel läuft. Er antwortet zerstreut »ja… ja«. Aber an dem dunklen Rand seiner Hose sehe ich, daß er natürlich nicht auf mich gehört hat. Er läuft kreuz und quer über die Wiese, daß es nur so patscht, und erzählt sich selbst eine Geschichte.
Unter einem Hagelschauer rennen wir nach Hause zurück.
Am Abend beobachten wir mit dem Fernglas, wie der Mond langsam aufgeht.

*Malakoff, 28. April*
Eine große Müdigkeit hat mich überfallen, die mich lähmt. Es fällt mir schwer, mich zu bewegen, etwas zu tun. Und ich kann Pierres Vorwürfe einfach nicht mehr ertragen: Er beklagt sich, ich wolle unsere Freunde vertreiben, die Nachbarn, die oft einmal hereinschauen, wenn sie zum Einkaufen gehen oder die Kinder von der Schule abholen. Es stimmt, ich möchte gern ein bißchen Abstand zu ihnen halten. Ich kann ihre Ratschläge über Kindererziehung nicht mehr verkraften, ihre Kommentare über Renauds Schwierigkeiten. Mein Schuldgefühl ist zu groß; die kleinste Anspielung fasse ich als Verurteilung auf. Und ich reagiere dann aggressiv gegenüber denen, die solche Bemerkungen machen. Dabei haben sie doch auch ihre Probleme und beschäftigen sich nur deshalb so intensiv mit den Schwierigkeiten ihrer Umgebung, um sich selbst zu beruhigen.

*Malakoff, 3. Mai*
Ein harter Tag: Renaud fällt mir schrecklich auf die Nerven. Bei allem und jedem will er seinen Kopf durchsetzen. Er braucht ein paar neue Schuhe, aber es müssen unbedingt Adidas sein. Ich zögere wegen der Schnürsenkel... Schließlich gebe ich nach, in der Hoffnung, daß mir bei diesen so heißersehnten Adidas wenigstens eins erspart bleibt: seine üblichen Quengeleien bei allen neuen Sachen, die er nicht anziehen will. Weit gefehlt... Früher gelang es mir nie, ihm den Steg seiner Sporthose über den Fuß zu ziehen, bevor er die Schuhe anhatte – heute besteht er darauf. Aber dann »stört ihn das«... trotz des Fußbetts der Innensohle. Ich zieh' ihm die Schuhe an, zieh' sie ihm wieder aus, zieh' sie ihm wieder an, fädle die Schnürsenkel neu ein... Protest, Tränen, Geschrei. Ich behalte die Nerven, aber ich bin erschöpft, es steht mir bis oben. Gegen Mittag schließlich reicht es mir endgültig. Damit er seine Schuhe vergißt, schlage ich vor, in den Park zu gehen. Er ist einverstanden, aber dann will er auch siebenmal Karussell fahren. Das halte ich für übertrieben. Dann will er wenigstens sein Fahrrad mit in den Park nehmen. Und weil das verboten ist, verlangt er von mir zehn Francs, um sich ein

Spielzeug zu kaufen. Ich lehne wieder ab. Schön, dann wenigstens Brot für die Enten? Endlich sind wir fertig, wir gehen, das eingeweichte Brot in einer Plastiktüte. Als wir unten auf der Straße stehen, will er nicht mehr in den Park gehen, sondern zum kleinen Spielplatz. Auch gut... Ich werfe ihm einen traurigen Blick zu: Er trägt einen zerrissenen blauen Pullover, dessen Ärmel viel zu kurz sind und nur noch bis zum Ellenbogen gehen. Seit Monaten will er nur den anziehen. Heute morgen gab es bereits ein Geschrei, weil seine Hose – die einzige, die er mag – in der Waschmaschine war. Dabei wird er bald endgültig auf sie verzichten müssen: Knie und Hintern sind fast durchgewetzt. Alle Versuche, ihn mit der neuen Hose zu versöhnen, die ich ihm gekauft habe, sind vergeblich: Angeblich kratzt sie am Bund, dabei ist er gefüttert. Ich schlage ihm vor, sein T-Shirt einfach in die Hose zu stecken, aber auch das geht nicht: Er will es absolut drüber tragen.
Jetzt spielt Renaud, wartet vor der Rutschbahn, bis er an der Reihe ist, lächelt. Wer käme auf die Idee, daß in diesem kleinen, blondgelockten Engelskopf so viel Widerspruchsgeist steckt? Und nachher gibt es bestimmt noch einen Aufstand, weil er seinen Zeichentrickfilm im Fernsehen verpaßt hat. Warum ist er so? Warum lädt er alles bei mir ab? Und was bringen diese Stunden mit der Kinderpsychologin?

*Malakoff, 8. Mai*
Dr. T... von der Kinderberatungsstelle beantwortet meine Fragen noch immer nicht. Er beharrt auf seiner Idee: Ich soll zu einem Psychoanalytiker gehen. Er wiederholt sein Angebot, mir einen Kassenarzt zu nennen. Ich zögere noch. Warum denn ich? Hat Pierre nicht auch damit zu tun?

*Malakoff, 18. Mai*
Mein Entschluß steht fest. Ich akzeptiere. Vor allem deshalb, weil ich Renauds Verhalten einfach nicht verstehe. All meine Mühe und meine Geduld sind vergebens, und ich fühle mich erschöpft. Ich habe die Adresse eines Psychoanalytikers bekommen, der von Dr. T... informiert ist.

*Rue Alphand, 23. Mai*

Zu meinem ersten Termin bei dem Psychoanalytiker gehe ich mit äußerst gemischten Gefühlen. Mühsam steige ich die Rue de la Butte-aux-Cailles hinauf. Bauarbeiter bessern die Straße mit kleinen Granitsteinen aus. Mit vor Angst klopfendem Herzen klingle ich an einem eher bescheidenen Einfamilienhaus. Dr. Sachs ist ein kleiner, dunkelhaariger, freundlicher junger Mann. Er empfängt mich in einem großen Zimmer im Erdgeschoß. Es ist nicht sehr hell; von den beiden einander gegenüberliegenden Fenstern geht das eine hinaus zur Straße, das andere auf einen kleinen Garten. Er ist sehr liebenswürdig und hört mir aufmerksam zu. Ich erzähle wirr durcheinander und unter großen Schwierigkeiten von meinem bisherigen Leben: von meiner Kindheit, der Jugend in der Creuse, der Armut, dem Mangel an Liebe, von dem ewigen Streit zwischen meinen Eltern, dem Alkoholismus meines Vaters, den Neurosen meiner Mutter, der harten Arbeit schon mit sechzehn Jahren, der Zeit der Depressionen, des Leidens, der Kämpfe und schließlich der Hoffnung, als ich meine erste Therapie begann, die vier Jahre lang dauerte und die ich kurz vor der Geburt meines Sohnes abbrach... Es waren schlimme Jahre... Und doch blieb all diese Zeit über in meinem Inneren der unzerstörbare Wunsch zu verstehen, zu lernen lebendig... Es gab natürlich immer wieder Phasen der Mutlosigkeit, wenn Dinge aus der Kindheit in mir aufstiegen... Diese Fetzen der Vergangenheit, die sich aufdröseln und einen daran hindern, das Puzzle wieder zusammenzusetzen. Dann die Zeit, in der ich endlich aufatme, es geht mir besser; Renaud, mein Wunschkind, kommt auf die Welt...

Und heute: die Schwierigkeiten mit Renaud, meine Ehe mit Pierre, die nach zwanzig Jahren gemeinsamen Lebens schal und sinnlos geworden ist, meine Erschöpfung.

Dr. Sachs hat sich entschlossen:

»Wenn Sie wollen, kann ich Sie für eine zweite Analyse annehmen. Denken Sie darüber nach. Ich schlage Ihnen ein weiteres Gespräch nächste Woche vor.«

*Malakoff, 28. Mai*

Heute morgen habe ich auf dem Markt die Wurst und den Schinken für das Picknick vergessen. Ich merke es aber erst auf dem Heimweg und habe nicht mehr die Kraft, noch einmal umzukehren; mein Einkaufswagen ist voll bis zum Rand. Pierre hat natürlich nichts vorbereitet: Er blättert zusammen mit Renaud in einem Buch. Als ich ihm sage, was ich vergessen habe, entgegnet er mir in gereiztem Ton, jetzt müsse er extra auf der Fahrt in den Wald noch einmal anhalten. Ich fühle mich plötzlich mutlos. Einen Augenblick lang bin ich versucht, auf diesen ganzen Ausflug und den Besuch bei meinen Schwiegereltern zu verzichten. Renaud wirft mir einen ängstlichen Blick zu; er begreift die Situation nicht so recht, und ich sage nichts. Aber ich habe wieder einmal das Gefühl, daß ich mit einem Dummkopf und Egoisten zusammenlebe, der nur fordert. Wir sind noch vor unseren Freunden im Wald, aber Pierre hat keine Lust mehr zu joggen – »dafür ist jetzt keine Zeit mehr«, behauptet er. Am Nachmittag ist dann auch keine Zeit mehr für die Waffel, die Renaud gerne hätte. Dabei warten an dem Süßwarenstand nur zwei oder drei Leute vor uns, aber Pierre behauptet, wir seien sowieso schon spät dran für unseren Besuch. Renauds Tränen nützen nichts. Ich fühle mich ganz elend.

Bei seinen Eltern wird Pierre wieder zu einem ängstlichen Kind. Immer wieder wird der Augenblick der Heimfahrt hinausgeschoben, als sei es nicht an ihm, darüber zu bestimmen, wann wir gehen dürfen. Ich warte also an der Tür, bis er endlich soweit ist, sich zu verabschieden und die paar Meter zu unserem Auto zu gehen. Zu Hause stelle ich Renaud unter die Dusche, bringe ihn ins Bett, leere die Waschmaschine, lege die Wäsche in den Trockner. Pierre denkt nicht daran, mir zu helfen, und als er mich dann noch daran erinnert, daß wir bei Caroline eingeladen sind, habe ich fast einen Haß auf ihn. Ich bin viel zu müde, um jetzt noch aus dem Haus zu gehen, ich will niemanden sehen. Nur schlafen, vergessen. Und ich muß über mein nächstes Gespräch mit diesem liebenswürdigen Dr. Sachs nachdenken, der mich fragen wird, ob ich mir von ihm helfen lassen will oder nicht.

*Malakoff, 29. Mai*
Ein ruhiger Sommerabend. Es ist ein schöner Tag heut gewesen. Ich höre die Melodie einer Ziehharmonika und das Gezwitscher der Spatzen unten im Garten.

*Rue Alphand, 30. Mai*
Ich bin voller Angst, als ich zu meinem Termin bei Sachs gehe. Er führt mich in sein Wartezimmer im ersten Stock, weil ich zu früh dran bin. Auf den weißlackierten Stufen schimmert an den Trittstellen das rohe Holz durch. Als ich gerufen werde, gerate ich in Panik. Er wartet lächelnd am Fuß der Treppe auf mich. Meine Knie zittern, und bei jedem Schritt habe ich Angst zu stolpern.
Auf diesen Mann zuzugehen kommt mir vor wie ein »Abstieg zur Hölle«. Ich weiß nicht, was ich sagen soll. Ich erzähle ihm von Robert und weine. Warum bloß überkommt mich ein solcher Schmerz bei der Erinnerung an meine Begegnung mit einem Psychiater, den ich um Medikamente bat, um mir über die Schwierigkeiten meiner ersten Therapie hinwegzuhelfen, und der mir als Zugabe sich selbst anbot. Ich sehnte mich nach Schutz und Sicherheit, und er war da, ich brauchte nur die Hand auszustrecken. Damals sah ich keinen Zusammenhang zwischen dem »Auftauchen« meines Vaters in der Analyse und meinem Gefühl für diesen um fünfzehn Jahre älteren Mann. Ich war nur erstaunt darüber, daß ich auf seine Kinder eifersüchtiger war als auf seine Frau, in der ich keine Rivalin sah. Ja, ich nahm es Robert fast übel, als er mir einmal gestand, seine Frau, die nach fünf rasch aufeinander folgenden Schwangerschaften etwas auseinandergegangen war, körperlich nicht mehr zu begehren. Ich fand es ungerecht, daß er sich von ihr abwandte und mich wegen meiner zarten Haut, meines glatten Bauchs und meiner festen Brüste vorzog.
Während dieser ersten Sitzung erweist Sachs sich als ein freundlicher, verständnisvoller Gefährte. Aber als ich von ihm weggehe, habe ich plötzlich den Eindruck, als öffne sich vor mir ein schwarzer Tunnel, als gebe es nirgendwo mehr Hoffnung. Doch nach ein paar Schritten auf der Straße verschwindet dieses Gefühl wieder.

*Malakoff, 2. Juni*

Ich fühle mich sehr erschöpft, habe keinen Mut mehr, mich noch einmal auf diesen dornigen Weg zu begeben. Merkwürdigerweise gleicht alles dem, was ich schon einmal durchgemacht habe: Analyse oder Psychotherapie, wo liegt da der Unterschied, die Maschinerie setzt sich ganz automatisch in Bewegung, wie von einem Zauberstab berührt. Jede Sitzung hinterläßt die gleichen hartnäckigen Spuren wie früher. Ich bin in einen endlosen Dialog verstrickt. Zu Haus schaffe ich es nicht einmal zu lesen, nur das Fernsehen kann mich noch ablenken. Ich wundere mich selbst über meine total überzogene Anspruchs- und Erwartungshaltung gegenüber dem Psychoanalytiker, die sich wahrscheinlich durch den heftigen Wunsch, anerkannt und geliebt zu werden, erklären läßt. Um wieder auf den Boden der Realität zu kommen, helfe ich mir mit einer einfachen und logischen Überlegung: Fünfundvierzig Minuten Zuhören gegen zweihundertfünfzig Francs, das ist ja wohl kein Anlaß, acht Tage lang ins Delirium zu verfallen. Eine klare Rechnung.

*Malakoff, 10. Juni*

Ich schlafe unter Tränen ein, erwache nachts mit Angstzuständen und weine wieder. Morgens habe ich solche Magenschmerzen, daß ich nichts essen kann.

*Rue Alphand, 13. Juni*

Ich fürchte, ich habe einen Fehler begangen, als ich mich in die Hände von Sachs begab. Ich wollte eine sofortige Hilfe, und zwar einzig und allein in bezug auf mein Verhältnis zu Renaud, und jetzt frage ich mich, ob nicht eine Frau eher imstande gewesen wäre, mich an die Realität zu binden. Ich denke auch an mein erstes Gespräch mit Sachs zurück, nach dem er, ohne lange zu zögern, eine neue Analyse vorgeschlagen hat. Wie konnte er denn überhaupt in ein paar Minuten die Erfolgschancen abschätzen?

Während unseres zweiten Gesprächs hat er mir allerdings gleich ein Gespräch mit Augenkontakt vorgeschlagen, weil er wohl das Ausmaß meiner Ängste erkannte. Ich erinnere mich

auch, daß er meine erste Analyse als erfolglos bezeichnete. Wie konnte er das so rasch beurteilen?
Ich zweifle an seiner Kompetenz.

*Rue Alphand, 16. Juni*
Mir wird übel. Ich bleibe am Rand des Bürgersteigs stehen, aber ich kann mich nicht einmal erbrechen; Wellen der Angst überfluten mich. Sachs erwartet mich. Seine Stimme klingt beruhigend, aber das Wunder bleibt aus: Ich lehne ihn ab, ich höre ihm nicht zu. Er redet, ich sehe ihn verständnislos an. Ich will jene Glasscheibe nicht durchbrechen, die mich von ihm trennt. Er fordert mich immer wieder auf zu reden, stellt mir Fragen; es sind zu viele Fragen, die sich gegenseitig aufheben. Ich kann keine einzige beantworten.
Ich sage ihm, daß ich einen Schritt auf ihn zumachen müßte, aber daß ich heute wie gelähmt bin. Von allem, was er sagt, behalte ich nur die Worte »leer und voll«. Wieder überkommt mich die Übelkeit. Was sagt er über meine Beziehung zu Renaud? Ich sei für seinen Zustand verantwortlich, behauptet er. Welche Ungerechtigkeit! Total entmutigt komme ich von dieser Therapiestunde nach Hause. Ich schlucke eine Schlaftablette und werfe mich auf mein Bett, um zu weinen; ich bin hin- und hergerissen zwischen dem Willen, gegen die Strömung anzugehen, und dem Wunsch, mich nach unten ziehen zu lassen. Ich überlege, ob ich Sachs anrufen soll, wie er es mir vorgeschlagen hat. Aber lieber doch nicht... Ich will mir diese Möglichkeit als letzten Ausweg lassen. Und wieso sollte mir seine Stimme am Telefon jetzt etwas nützen – eben, als ich noch bei ihm war, habe ich sie ja nicht einmal gehört.
Renaud kommt zu mir, mit einem Buch in der Hand: »Lies, Mama, statt immer nachzudenken...«
Plötzlich überkommt mich der Gedanke, mich aus dem Fenster zu stürzen. Ich muß diesen Wunsch, der in regelmäßigen Abständen wiederkehrt, überwinden. Es gibt nur ein Mittel dagegen: aufzustehen. Ich öffne die Glastür, gehe auf den Balkon hinaus, schaue nach unten. Ich stelle meinen Fuß auf die unterste Gitterstrebe. Ich fühle mich nicht schwindlig, habe gar nicht so viel Angst. Eher bin ich ein klein wenig

fasziniert. Ich darf den Gedanken an Selbstmord nicht mit Entsetzen von mir weisen. Ich muß ihn erkennen und ganz einfach akzeptieren, um diesen unwiderruflichen Schritt zu vermeiden.

*Rue Alphand, 20. Juni*
Ich wache um sechs Uhr früh auf, nehme ein Beruhigungsmittel und versuche, mich zu entspannen, nicht daran zu denken, daß die gefürchtete Stunde bei Sachs immer näher rückt.
»Sie fühlen sich doppelt ausgestoßen«, sagt Sachs zu mir, »eine Proletarierin und krank...«
Ich lächle: Eigentlich bin ich keine richtige Proletarierin. Diesmal gelingt es mir, ihm wenigstens annähernd zu erklären, was ich empfinde:
»Ich habe das Gefühl, mit Ihnen nur ein belangloses Gespräch zu führen, das Sie obendrein jedesmal am Ende der Therapiestunde brutal unterbrechen. Wie sollte ich da nicht frustriert sein? Ich habe eine ganz wichtige Botschaft für Sie, deren Inhalt ich nicht kenne, und verfüge nur über fünfundvierzig Minuten.«

*Malakoff, 22. Juni*
Sonne und Wind, Schäfchenwolken. Ich möchte gern schlafen, aber Renaud ruft mich andauernd. Heute habe ich ihn überrascht: Ich habe ihn bei Christine abgeholt, die ihm jeden Mittag das Essen macht. Überglücklich fällt er mir um den Hals:
»Heute nachmittag gehe ich nicht in die Schule...«, ruft er und drückt sich an mich.
Ich setze mich auf den Rand des Sandkastens. Renaud nimmt sein Fahrrad und wartet auf Paul, seinen Spielgefährten. Er strahlt vor Freude.
Ich rufe Robert an und beschreibe ihm, was ich empfinde, gegen welche Zwänge ich anzukämpfen habe, erzähle ihm von meiner Furcht, vom Balkon zu springen, meiner Angst, Renaud zu vernachlässigen. Ich kann ihm ganz genau sagen, was ich fühle, dabei finde ich diesen ermüdenden Monolog

eher sinnlos. Robert wundert sich über meine Reaktion auf diese Analyse und rät mir, meine Behandlung bei Sachs zu unterbrechen.
Dieser Gedanke verfolgt mich bis zum nächsten Tag. Was soll ich vernünftigerweise tun? Bin ich analysierbar? Ist Sachs ein kompetenter Arzt, der fähig ist, mir zu helfen?

*Rue Alphand, 23. Juni*
Auf dem Weg zu Sachs verirre ich mich in der Metro und lande in der entgegengesetzten Richtung. Als ich endlich bei ihm bin, kann ich mich kaum noch auf den Beinen halten. Erschöpft fange ich an zu weinen. Er legt mir seine Hand auf die Schulter, führt mich in das Behandlungszimmer. Um mich loszumachen, will ich auf den Marmorkamin zugehen. Aber ich zögere; er hält mich noch immer umfaßt. Ich drehe mich zu ihm um und lehne meinen Kopf gegen seine Brust. Er wehrt sich nicht. Seine Hand streicht sacht über meinen Arm und umfaßt die meine. Der Druck ist fast schmerzhaft. Ich höre mich selbst sagen:
»Sind Sie sich Ihrer sicher?« Und will noch hinzufügen: »Und dessen, was Sie tun?«
Er läßt mich nicht ausreden:
»Vollkommen.«
Will er damit sagen, daß er die Fassung behielte, selbst wenn ich mich ihm in den Arm werfen würde, oder daß er überzeugt davon ist, mir helfen zu können?
Und plötzlich überkommt mich eine wilde Wut. Mit gesenktem Kopf und verzerrtem Gesicht murmele ich:
»Lassen Sie meine Hand los.«
Er reagiert nicht. Eigentlich hält er sie auch gar nicht fest: Seine Finger umschließen nur mein Handgelenk.
Er sagt ganz ruhig:
»Sehen Sie mich an.«
Ich bringe es nicht fertig. Ich schäme mich, diesen Schritt auf ihn zu getan zu haben. Er wiederholt:
»Sehen Sie mich an.«
Er hat mein Handgelenk losgelassen. Und voller Verblüffung höre ich, wie er mit mir über sein Honorar für die Thera-

piestunden spricht, die im Juli ausfallen, weil ich dann in Urlaub bin.
»Meinen Sie nicht, daß Sie mir das schuldig sind?«
»Ich weiß nicht...«
Er behauptet, er werde an mich denken. Mich beschleicht ein ungutes Gefühl bei seinen Worten.
Wovon redet er überhaupt? Wer ist er eigentlich? Was macht er da, mir gegenüber? Und wozu bin ich überhaupt hier? Habe ich plötzlich ganz den Verstand verloren?
Endlich sehe ich ihn an. Er ist sehr dunkel, hat einen kräftigen Teint, fast schwarze Augen; sein Haar ist ein bißchen zu lang, sehr dicht und glänzend wie Ebenholz. Er ist wirklich sehr gutaussehend. Aber seine Schönheit ist nicht vertrauenerweckend. Irgend etwas in seiner Haltung ist unecht.
Ich verteidige mich:
»Ich versäume diese vier Therapiestunden nicht aus freien Stücken, meine Urlaubszeit stand schon lange vor meinem ersten Termin bei Ihnen fest. Ich kann jetzt nichts mehr daran ändern: Bei meinem Gehalt wäre es für mich ein schweres Opfer...«
Er lächelt:
»Die Kasse zahlt es Ihnen ja zurück...«
Ich bin sprachlos.
»Sie schreiben Honorarrechnungen aus für Therapiestunden, die gar nicht stattgefunden haben?«
Er entgegnet:
»Auch das ist Teil der Behandlung. Was ich tue, ist also völlig legal.«
Ein neuer Zweifel regt sich in mir: Habe ich es wirklich mit einem redlichen, rechtschaffenen Arzt zu tun?

*Malakoff, 23. Juni*
Ich versuche, in der Zeit bis zu meinem Termin irgend etwas zu tun. Ich habe inzwischen gelernt, daß ich nicht zu früh da sein darf, ja, es ist sogar besser, etwas zu spät zu kommen, das erspart mir das Nachdenken, vielleicht ist mir dann nicht so leicht schwindlig...
Plötzlich möchte ich am liebsten mit der Faust durch die

Glasscheibe gehen. Natürlich... Das Glas, das ist die Flügeltür, der Balkon... Besser, ich flüchte mich in Renauds Zimmer, lege mich auf sein Bett.

*Rue Alphand, 4. Juli*
Die Metro kommt ewig nicht, und ich bin spät dran. Trotzdem empfängt er mich lächelnd, findet, ich sähe viel besser aus, legt mir flüchtig die Hand auf die Schulter. Es ist die gleiche Geste wie das letzte Mal, mit der er mich beruhigt hat; aber heute ist der Zusammenhang ein anderer. Er will auf diese Weise das Risiko ausschalten, daß ich, um getröstet zu werden, einen »Zusammenbruch« mime. Er hat es ziemlich eilig mit seiner Präventivmaßnahme. Und ich mache dabei keine sehr gute Figur...

*Rue Alphand, 7. Juli*
Ich erzähle von meinem Traum heute nacht: Ich laufe in diesem leeren Haus hin und her. Plötzlich entdecke ich eine Schlange im Zimmer. Ich muß sie vertreiben; ich erinnere mich ganz deutlich an die Gefahr, der ich ausgesetzt bin: Wenn ich versuche, die Schlange zu vertreiben, muß ich Angst haben, mich auf sie zu setzen. Sachs erwidert:
»Ich bin diese Schlange.«
Um seine Interpretation zu rechtfertigen, erwähnt er meine Schwierigkeit, mich ihm gegenüber in den Sessel zu setzen. Es ist wahr, manchmal bleibe ich stehen, lehne mich zitternd gegen die Wand.
Aber dann beunruhigt er mich, indem er einen Satz wiederholt, den ich – davon bin ich fest überzeugt – nie gesagt habe:
»Nein, Sie irren sich, ich habe so etwas nie geäußert.«
Gleich darauf erinnere ich mich daran:
»Ich bin wie ein Sieb, ich behalte nichts von dem, was Sie sagen.«
Kein Wunder...

*Rue Alphand, 10. Juli*
Ich zahle Sachs das Honorar für die vier Stunden, die während meines Urlaubs ausfallen, wie er es von mir verlangt hat. Um meine Furcht vor der Trennung während dieser Zeit zu mildern, zeigt er sich besonders liebenswürdig, bietet mir eine Zigarette an, gibt Interpretationen und fordert mich auf, ihm zu widersprechen. Er zieht alle Register seines Metiers, und ich lächle getröstet... Ich erzähle ihm auch von Roberts Besuch, der sich meinetwegen Sorgen machte, von der Einstellung der Psychiater gegenüber der Analyse. Er antwortet mir mit Beispielen zugunsten der Analytiker. Kurz und gut, er greift tief in die Trickkiste. Außerdem schlägt er mir vor, nach dem Urlaub eine 100prozentige Erstattung zu beantragen, erinnert mich daran, daß ich ihn den ganzen Juli über telefonisch während meiner üblichen Therapiestunde-Zeiten erreichen kann, daß ich übrigens auch ohne Voranmeldung an diesen Tagen zu ihm kommen kann und er für mich da sein würde. Er hat mit mir den Termin für meine nächste Therapiestunde im September ausgemacht und mir außerdem eine Zeit vorgeschlagen, die von der Arbeit her für mich günstiger ist... Wenn man es recht besieht, eine Werbekampagne, um sich den Kundenstamm zu erhalten, bevor man das Geschäft wegen Urlaubs schließt...
Zwischendurch läutet das Telefon. Er antwortet, »sie ist erst gegen neunzehn Uhr zurück«. Ich schließe daraus, daß er verheiratet ist. Ich wage es nicht, seinem Blick zu begegnen.
Er sieht auf seine Uhr. Ich wundere mich darüber, daß er sich derart von der Zeit abhängig macht, und spreche das auch offen aus:
»Es ist wie mit der Stoppuhr... So, als wollten Sie sagen: ›Jetzt können Sie sprechen...‹ Und am Ende der Stunde hab' ich immer Angst, daß Sie mich mitten in einem Satz unterbrechen...«
»Das stimmt, ich sehe wirklich oft auf die Uhr... Das ist ein Tick. Es ist Ihnen bestimmt auch aufgefallen, daß ich mir oft mit der Hand durch das Haar fahre.«
Dieses Geständnis überrascht mich. Er will sich wohl durch

diese Art von »Vertraulichkeiten« auf meine Seite schlagen, aber ich bin auf der Hut. Ich bin mir nicht so sicher, ob er über sich wirklich die Wahrheit sagt.
Alles in allem ist diese letzte Therapiestunde nicht allzu schlecht gelaufen...

*Malakoff, 14. Juli*
Der Tag der Abreise ist gekommen. Eine unendliche Traurigkeit hält mich gefangen. Ich weine, bin unfähig, die Koffer fertig zu packen. Alles ist mühsam, trostlos. Diese Wüste, die vor mir liegt, schreckt mich. Ich bin nicht mehr ich selbst; unablässig gehen mir dieselben Sorgen, dieselben Zweifel im Kopf herum.
Und wenn das Ganze nur eine einzige Schwindelei, ein Betrug, eine Täuschung ist?
Wenn ich ganz einfach nur geliebt werden will?

*Les Prades, 16. Juli*
Das satte Grün auf den Feldern, der betäubende Geruch des blühenden Holunders, die stechende Sonne, die Mücken, die einen plagen... Ich fühle mich wie unter Anästhesie.
Gestern haben wir Danielle, ihren Mann und die Kinder eingeladen. Ich hatte ein gutes Essen gemacht. Wie immer hat Pierre sich – genau wie sein Vater übrigens – ausgiebig um die Getränke gekümmert: ein Aperitif, gleich darauf noch ein zweiter, Weißwein zur Vorspeise, danach Rotwein; die leeren Gläser werden rasch nachgefüllt. Ein langweiliger Abend, ich wußte nicht, was ich sagen sollte. Mit Danielle, meiner Jugendfreundin, hab' ich viele Erinnerungen gemeinsam, aber in Gegenwart von Jacques, ihrem Mann, hatte ich keine Lust, darüber zu reden. Während des Essens schimpfte Jacques eher zum Spaß Renaud aus, weil er seine Tomaten nicht aufessen wollte. Renaud fühlte sich angegriffen und verteidigte sich. Jacques ließ nicht locker und entgegnete in gespielt strengem Ton:
»Wenn du im August zwei Wochen bei uns bist« – dieser Aufenthalt war keineswegs geplant, er hatte ihn frei erfunden –, »mußt du immer deinen Teller leeressen.«

Ich sah, wie Renauds Züge sich verdüsterten. Er geriet in Panik und brach in Tränen aus. Nichts konnte ihn mehr trösten, er brachte keinen einzigen Bissen mehr herunter. Ganz leise, mit zusammengebissenen Zähnen, flüsterte er mir zu:
»Mama, bitte gib ihm zur Strafe keinen Nachtisch.«
Ich erwiderte leicht vorwurfsvoll:
»Aber Renaud, du weißt doch genau, daß es nur ein Scherz war...« Und fügte etwas verächtlich hinzu:
»... Übrigens kein besonders guter.«
Die Kinder lächelten schüchtern. Die Erwachsenen schwiegen verlegen; ich begegnete Danielles Blick. Nach dem Essen gingen die Kinder hinaus zum Spielen. Die Zeit verging, die Gespräche wurden mühsam und die Flaschen zusehends leerer. Da saßen sie, unsere beiden Ehemänner, Seite an Seite vor ihrem Glas und grinsten vor sich hin. Die Kinder, von den Mücken geplagt, verzogen sich schließlich in den ersten Stock. Unter einem Vorwand – ich müsse Renaud, weil er so zerstochen sei, noch eincremen – ging ich, gefolgt von Danielle, zu ihnen hinauf. Die Jungen saßen einträchtig auf Renauds Bett und erzählten von einem Pipi-Kaka-Menü in einem Feinschmeckerrestaurant. Renaud lachte schallend.
Endlich sind unsere Freunde gegangen. Und endlich ist dieser gräßliche Abend vorüber. Ich habe nur einen Wunsch: schlafen. Wenn ich doch wenigstens allein in meinem Bett wäre!
In meinen Träumen kehre ich zurück in meine Kindheit: die Sauftouren meines Vaters, unser ängstliches Warten, wenn er nicht nach Hause kam, die Szenen, die ihm meine Mutter machte, wenn er sternhagelvoll war und sie ihn gefahrlos beschimpfen konnte – trotz allem verrät mein Traum eine große Zärtlichkeit für ihn.
Ich wache plötzlich auf: Es ist drei Uhr morgens. Pierre ist nicht ins Bett gekommen. Ich sehe aus dem Fenster: Er sitzt zusammengesunken am Gartentisch, den Kopf auf den Armen. Trinkt er oft? Ich weiß es nicht genau. Er kennt meine Ängste in dieser Beziehung und nimmt sich vielleicht zusammen, solange ich dabei bin. Aber gestern abend war er stockbetrunken.
Er muß heute früh nach Paris zurückfahren, sagt, er komme

am nächsten Wochenende wieder. Ich antworte nichts. Das Schweigen ist wie eine Wand zwischen uns gewachsen. Ich mache ihm keine Vorwürfe wegen seines Verhaltens gestern abend. Renaud scheint übrigens nichts von der gespannten Atmosphäre zu merken. Er beobachtet eine schöne, graugelbgestreifte Schnecke, die – eine glänzende Spur hinter sich lassend – über die Vitrine gelaufen ist. Jetzt bewegt sie sich auf die Treppenstufen zu. Er lacht, als er sieht, wie sie in der Waagrechten verharrt.
Pierre ist gerade weggefahren; ich habe nicht einmal den Kopf gehoben, als er mir auf Wiedersehen sagte. Als er ins Auto stieg, bin ich nicht an die Tür gegangen. Wir haben uns, glaube ich, noch nie so getrennt. Der Graben zwischen uns wird mit jedem Tag ein wenig tiefer.

*Brive, 23. Juli*
Ich rufe Sachs an, weil ich allein meine Zweifel nicht abschütteln kann. Nachts liege ich wach und weine, weil ich mir vorstelle, daß er lachend seinen Freunden erzählt, was ich ihm anvertraut habe... Seine Stimme am Telefon klingt ärgerlich:
»Was ist passiert? Was kann ich für Sie tun?«
»Es geht mir nicht gut... Ich möchte die Analyse am liebsten abbrechen, ich habe kein Vertrauen zu Ihnen.«
»Sie sollten sich konzentrieren und...«
Ich weiß nicht mehr, was er noch sagte. Er ist offensichtlich gereizt, sagt, er müsse das Gespräch abbrechen:
»Auf Wiedersehen, Madame.« Er legt auf.
Ich bleibe wie gelähmt stehen, den Hörer in der Hand, fassungslos, als hätte ich eine Ohrfeige bekommen. Warum hat er das getan? Hatte er mir nicht selbst vorgeschlagen, so lange mit ihm zu sprechen, wie ich wollte, zumindest im zeitlichen Rahmen der von mir im voraus bezahlten Therapiestunde?
Ich darf nicht abstürzen. Nicht denken: stricken, lesen.

*Les Prades, 30. Juli*
Gewitter, strömender Regen. Renaud kommt völlig durchnäßt aus dem Café zurück; er ist wütend, weil er nicht Billard spielen konnte.
Ich schimpfe ihn aus:
»Du sollst doch nicht ins Café gehen... Da hocken doch bloß die betrunkenen Männer rum...«

*1. August*
Nach zwei Regentagen taucht zögernd die Sonne wieder auf. Die Zeit vergeht langsam; manchmal ärgern mich die Kinder und machen mich nervös, vor allem Danielles, die uns ständig ins Haus schneien.
Wir wandern zum Blaubeerpflücken nach Telbart: Ganz außer Atem kommen wir auf der Höhe an, nachdem wir durch den Tannenwald gegangen sind, der jedes Jahr sein Aussehen ändert. Bald wird dieser sonnige, blumengesäumte Pfad nur noch ein dunkler, feuchter Tunnel sein, in dem es keine duftenden Blüten mehr gibt: Die Nadelhölzer verschlingen alles. Ich setze Renaud auf eine Regenhaut und pflücke ihm einen Blaubeerzweig ab; die Früchte sammelt er in seinen Topf. Er ist glücklich, zankt sich mit Stéphane herum, von dem er seit ein paar Tagen das Wort »Scheiße« übernommen hat, mit dem er jetzt jeden Satz einleitet, sehr zum Ärger meiner Mutter.
Heute morgen habe ich vergeblich versucht, an Sachs zu schreiben. Ich hatte vor, ihm mitzuteilen, daß ich mit der Analyse aufhöre, und wollte meinen Entschluß ausführlich begründen. Schließlich habe ich es aufgegeben. Ich frage mich ständig: Will ich diese Beziehung wirklich beenden? Warum habe ich kein Vertrauen zu ihm? Hat das etwas mit seinem Alter zu tun, mit seinem ganzen Wesen? Manchmal denke ich, ein älterer Mann würde mir mehr Sicherheit geben. Ich frage mich, warum ich an der Aufrichtigkeit seiner liebenswürdigen Art zweifle, als seien alle gegenteiligen Beweise nur schäbige Tricks, als sei er nur »technisch liebenswürdig«. Aber ich glaube trotzdem nicht, daß ich diese Beziehung aufgeben kann. Übrigens werfe ich mir auch vor,

daß ich ihn nicht selbst gewählt habe. Ich hätte noch ein oder zwei andere Analytiker aufsuchen sollen, bevor ich mich endgültig entschied.

*Les Prades, 3. August*
Es geht mir nicht gut; eine ungeheure Angst hält mich umklammert. Renauds Schniefen ist mir unerträglich. Ich predige ihm vergeblich, damit aufzuhören. Er ist sehr unruhig: Nach seiner Wiederholungsimpfung tut ihm die Schulter weh. Vor dem Urlaub brachte ich es einfach nicht fertig, allein mit ihm zu R... zu gehen, weil ich Angst hatte, ich könnte ihn in seiner Panik nicht bändigen. Mehrmals hab ich Pierre darum gebeten, mich zu begleiten, aber die Zeit verging, ohne daß etwas geschah. Pierre behauptete, wir könnten mit der Impfung auch bis zu unserer Rückkehr im September warten. Ich protestierte: Wenn Renaud Fieber bekommt, bin ich gezwungen, zu Hause zu bleiben, und so rasch nach meinem Urlaub kann ich es mir nicht leisten, von der Arbeit wegzubleiben. Pierre wurde wütend:
»Ich muß hier alles machen!«
Er kaufte den Impfstoff, vergaß aber, sich zu erkundigen, ob vorher eine Urinanalyse nötig sei.
Es ging alles gut, nur ein paar Tränchen beim Einstich. Renaud kommt gerade triumphierend zurück, mit einem Bilderbuch und knallbunten Petanque-Kugeln. Kein Zweifel, er macht Fortschritte. Nur in seiner Beziehung mit mir sehe ich keine Besserung. Er erstickt mich. Setze ich mich zum Stricken in den Sessel, hockt er sich auf meine Knie und will, daß ich aufhöre. Ich kann kein Buch aufschlagen, ohne daß er sofort mit einem Heft auf mich zustürzt, damit ich ihm daraus vorlese. Aber dann hört er mir nicht einmal zu: Die Angst, die Geschichte könnte bald zu Ende sein und damit auch das Vorlesen, hält seine ganze Wachsamkeit gefangen. Er denkt nur an die Fortsetzung mit der nächsten Geschichte. Das ermüdet auf die Dauer.
Heute kann ich Danielles Kinder kaum ertragen. Renaud ist durch ihre Gesellschaft ganz aufgeregt, achtet auf keine Gefahr, ständig gibt es Schläge, fällt einer hin. Wenn ich sie Ping-

Pong spielen lasse, schmettern sie die Bälle an die Wände. Nachmittags gab es Kakao und Marmeladenbrot, aber kaum drehte ich ihnen den Rücken zu, leerten sie das Marmeladenglas und beschmierten den ganzen Küchenboden und das Parkett im Kinderzimmer. Wahrscheinlich werden die meisten Mütter mit solchen Problemen im Handumdrehen fertig, weil sie selbstsicher genug sind. Ich zweifle an allem, die Kinder machen mir Angst. Bei ihren Streitigkeiten versuche ich erst gar nicht, herauszufinden, ob Renauds Tränen gerechtfertigt sind. Vorhin hat er sich hinter dem offenen Türflügel versteckt. Eric, der genau wußte, daß Renaud dahinter stand, hat die Tür mit aller Wucht zurückgestoßen. Ich hörte, wie die Tür gegen Renauds Stirn prallte und sein Kopf gegen die Wand schlug. Ich hab' ihn nur flüchtig getröstet, dabei muß es ihm sehr weg getan haben. Und ich habe Eric keine Vorwürfe gemacht.

Seit Pierre wieder in Malakoff ist, schläft Renaud in meinem Bett: Ich habe einfach nicht den Mut, mich jeden Abend von neuem gegen ihn zur Wehr zu setzen. Alles ist ein Problem: Er will sich nicht waschen, sich nicht anziehen, der Pullover kratzt, die Socken machen Falten, die Adidas kann er nicht richtig zuschnüren; er schreit nach seinem »Tuch«, findet nie seine Spielsachen, sieht einfach nicht, was er sucht, nicht einmal ein Glas im Küchenschrank. Schlage ich ihm eine Wanderung vor, will er nicht mitkommen, aber er weigert sich auch, allein zu bleiben. Er hängt sich an alle Kinder (ganz gleich welche) und fängt an zu heulen, wenn sie nicht da sind. Ständig läuft bei uns im Haus ein Junge aus dem Dorf herum, wenn's nicht gleich mehrere sind. Sobald einer von ihnen geht, läuft er los, um einen anderen zu suchen, aber nie spielt er bei ihnen zu Haus. Und wenn wir einmal weggehen wollen, lädt er gleich das halbe Dorf mit dazu ein.

Auf dem Fahrrad hält er sich nie rechts, denn seine einzige Sorge ist, ich könnte ihn einmal aus Versehen überholen. Er hält sich für einen Champion, hebt beide Arme wie ein Sprinter an der Ziellinie und will unbedingt, daß ich ihm ein Trikot mit dem Namen seines Favoriten kaufe.

Dabei fällt mir etwas ein, was sich in Malakoff ereignet hat:

Er hatte Schläger und einen Ball geschenkt bekommen. Von da an mußten wir ständig als Tennispartner herhalten; nie bekam er genug. Mehrmals am Tag war ich an der Reihe, und Pierre wurde jeden Abend, wenn er vom Büro zurückkam, mit Beschlag belegt. Er war wie besessen, und uns wurden seine ständigen Quengeleien mehr als lästig. Im Garten produzierte er sich in Starposen, um die Aufmerksamkeit auf sich zu ziehen. Eines Abends vergaß er seine Schläger auf dem Rand des Sandkastens. Als er hinunterlief, um sie zu holen, waren sie verschwunden. Zu meinem großen Erstaunen litt er kaum darunter. Er gab ohne Probleme das Spiel auf, das er so liebte – und wir waren erleichtert...

*Les Prades, 4. August*
Ich denke oft an Sachs. Ich bin überzeugt davon, daß ich die Behandlung besser abbrechen sollte. Aber habe ich die Kraft dazu? Ich glaube, er verfolgt ganz eigennützig seine Interessen: Ich bin eine Kundin, die man bei der Stange halten muß.

*Les Prades, 5. August*
Pierre hat das Wochenende mit uns verbracht. Als ich aufstand, sah ich ihn im Garten sitzen und mit dem Nachbarn diskutieren. Also mußte ich die Initiative ergreifen und ihn begrüßen. Er rührte sich nicht vom Fleck. Ich beugte mich zu ihm, um ihn auf die Wange zu küssen – man muß schließlich gegenüber dem Dorf den Schein wahren... Er teilte mir mit, daß er seine zwei Wochen Urlaub in Belle-Ile verbringen wird. Unser Zerwürfnis wird immer deutlicher, ich glaube, es läßt sich nichts mehr daran ändern: Wir sind zur Einsamkeit verurteilt, vielleicht gar zu einer Trennung. Wir lähmen uns gegenseitig. Allerdings fällt mir auf, daß ich Fortschritte mache: Ich habe abends in diesem Haus ohne Fensterläden keine Angst mehr; zugegeben, Renaud ist bei mir. Gestern abend spielte er noch um elf Uhr Murmeln auf seinem Bett; er ist unermüdlich.

*Les Prades, 8. August*
Keine Sonne, ein grauer, wolkenverhangener Himmel. Man spürt schon den Herbst. Die Dorfbewohner beklagen sich über diesen schlechten Sommer und den frühen Winter, der sich bereits ankündigt: Die Nächte sind kühl. Jeden Morgen ist der Garten taubedeckt, und über den Feldern liegt der Nebel.

*Les Prades, 10. August*
Ein Nachmittag ohne Regen. Ich fange einen neuen Pullover mit der Wolle an, die ich heute morgen in Aubusson gekauft habe. In dem Geschäft mit den weißgekalkten Wänden und den Körben voller bunter Wollknäuel habe ich mich eine Weile mit der Verkäuferin unterhalten, die mir erzählt, wie schwer es ihr fällt, überzeugend auf die Kunden zu wirken.
Wir machen eine Fahrradtour auf der Straße nach Berny. Renaud fällt hin, fängt an zu heulen, will sofort wieder zurück. Ich werde böse. Es ist immer das gleiche: Entweder schimpft er, weil ich nicht rasch genug fahre, oder er behauptet, er sei müde, und will gleich wieder nach Hause. Wir brechen diesen ärgerlichen Ausflug ab. Auf dem Rückweg sehe ich einen jungen Mann, der im Garten arbeitet. Er ist braungebrannt, hat dichtes krauses Haar und trägt eine zerrissene Jeans. Ich stelle mir vor, wir würden uns begegnen: Er jung und unbekümmert, ich eine alternde, frustrierte Frau. Ich fühle mich während dieses Urlaubs so allein. Noch einmal möchte ich von einem Mann, der mir gefällt, begehrt werden. Ich möchte gestreichelt werden, sein Glied in mir spüren, neben ihm einschlafen. Ist diese Zeit für immer vorbei? Ich entdecke die ersten Falten in meinem Gesicht.

*Belle-Ile, 14. August*
Am Strand von Kerel ist es glühend heiß. Das Wasser, dunkelgrün, ist sehr kalt; die Felsen sind voll Muscheln. Ich bin mit dem Schlauchboot ins Wasser gegangen: Die Hindernisse ziehen mich magisch an, ich habe Mühe, gleichmäßig zu rudern. Ein paarmal wäre ich fast mit einem großen Schiff zusammengestoßen – vielleicht war auch die Strömung schuld daran!

Meine Ablehnung gegenüber Pierre wird immer stärker. Ich sitze stundenlang auf dem Felsen. Die Sonne wärmt, und die Brandung des Meers beruhigt mich.

*Belle-Ile, 16. August*
Ich ziehe meine Angelrute aus dem Wasser und stelle mich unter einen Felsvorsprung, um mich vor dem feinen, aber schneidend kalten Regen zu schützen. Ein kräftiger Meerwind treibt ihn vor sich her. Dann hellt der Himmel sich plötzlich auf, aber das Meer bleibt stürmisch. Das dumpfe gleichmäßige Geräusch der Wellen hallt in den Höhlen wider, die bis tief unter den Felsen gehen. Die Leere unter meinen Füßen macht mich schwindeln: Ein falscher Schritt, und ich lande zwanzig Meter tief mit zerschmetterten Gliedern an den Felsen.

*17. August*
Mein Aufenthalt in Belle-Ile geht zu Ende. Ich trage lauter Sand in meinen Koffern mit nach Hause. Renaud wird für den Rest der Ferien noch hierbleiben, mit seinem Vater und seinen Großeltern.
Zweimal hintereinander sagte ich zu ihm: »Auf Wiedersehen, mein kleiner Junge.« Er hat mich kaum angeschaut, ganz damit beschäftigt, die anderen Kinder zu beobachten, die mit ihrem Ballon seine Sandburg bedrohten. Ich bin etwas enttäuscht, weil er mich nicht zum Schiff begleitet hat. Pierre sagt:
»Er hat absichtlich nicht zu dir hochgesehen, um nicht zu zeigen, wie traurig er war ...« Ich werfe Pierre einen erstaunten Blick zu: Nein, ich laß mich nicht davon abbringen, Renaud hat mich deswegen kaum beachtet, weil er so besorgt um seine Sandburg war.
Pierre trägt meine Koffer bis zum Kai, nimmt mich flüchtig in den Arm: Ich spüre seine Küsse kaum. Auf der Schiffsbrücke drehe ich mich noch einmal um. Mir ist elend zumute. Ich sehe die Leute ringsumher, fühle mich allein, schrecklich allein, ohne Zukunft und mit der Gewißheit, ein verpfuschtes Leben hinter mir zu haben. Ich beobachte die Ehepaare mit

ihren Kindern. Verstehen sie es, glücklich zu sein? Dauert ihre Liebe ewig?
Bei dem Gedanken, allein zu leben, ergreift mich die Panik. Bin ich stark und selbständig genug dazu? Ich bin doch schon todunglücklich, wenn ich allein mit dem Schiff oder dem Zug reisen soll... Wie kann ich ohne Gefährten, ohne Liebe leben?
Später, auf dem Bahnhof, im Zug höre ich die lebhaften Gespräche der Reisenden, die hellen Kinderstimmen: »Auf Wiedersehen, Mama...« Tränen steigen mir in die Augen. Erleichtert stelle ich fest, daß ich allein in meinem Abteil bleibe. Ich erinnere mich an eine Szene: Geschützt vor neugierigen Blicken liege ich oben ohne auf dem Felsen in der Sonne... Renaud stürzt ganz aufgeregt auf mich zu und ruft mit Babystimme: »Mama, Brust haben...«

*Malakoff, 18. August*
Die Abende sind am schlimmsten. Sie schleppen sich dahin. Vor dem Wochenende und seiner zwanghaften Stille habe ich am meisten Angst. Renaud fehlt mir sehr. Heute nacht habe ich geträumt, daß er auf dem Fahrrad einen Lkw überholte und ihm ein Wagen plötzlich entgegenkam. Dann wachte ich auf. Meine Freundin Claudine hat mir erzählt, sie habe auch geträumt, daß ihr Kleiner Fahrrad fuhr... Aber in ihrem Wohnzimmer! Wenn ich abends nach Hause komme, weine ich. Vorhin im Büro habe ich mich lange mit einem Kollegen unterhalten, der mir erzählt hat, er sei im Augenblick allein. Ich hätte sagen können, daß ich heut abend ins Kino gehen wollte. Meine Einsamkeit schreckt mich, aber ich will vernünftig bleiben: Ich muß nicht um jeden Preis vor ihr fliehen.

*Malakoff, 20. August*
Ich rufe Claudine an: Wir verabreden uns vor dem Kino. Sie kommt, wie immer sehr schick angezogen, die grünen Augen diskret geschminkt, braungebrannt und mit der immer gleichen Ponyfrisur. Nach dem Film unterhalten wir uns noch bis spät in die Nacht hinein. Ich erzähle ihr von meiner Bezie-

hung zu Sachs. Sie rät mir, mich von ihm zu trennen, wenn ich kein Vertrauen zu ihm habe.

*Malakoff, 21. August*
Ich streue für die Tauben Brotkrumen auf den Balkon. Ein Vogel kommt sofort angeflogen, beäugt mich mißtrauisch; ich rühre mich nicht vom Fleck. Beruhigt fängt er an, das Brot aufzupicken.
Ich rufe in Belle-Ile an: Renaud erzählt mir, was er so tut, er hat mir eine Karte geschrieben, die ich noch am gleichen Tag im Briefkasten finde. Ich sage zu Pierre, daß ich am Samstag gerne kommen würde. Seine Reaktion ist nicht überwältigend.

*Dienstag, 22. August*
Mein Kopf schmerzt zum Zerspringen, ich habe Bauchweh. Renaud... wo ist er? Ich schrecke aus dem Schlaf auf und finde mich zusammengekauert vor meinem Bett wieder; offenbar habe ich mich gestoßen. Ich fange an zu begreifen: Ich suche Renaud; in dieser schwierigen Zeit werde ich wieder zur Schlafwandlerin, wie früher.

*23. August*
Sachs sagte eines Tages zu mir: »Ohne nichts kommt nichts.« Ich muß sehr oft über diesen Satz nachdenken und verstehe ihn nicht ganz. Meiner Ansicht nach kann er sich nicht auf die Neurotiker beziehen, denn sie wenden im Gegenteil oft eine große Energie auf, wenn auch nur mit magerem Ergebnis.

*24. August*
Ein schwieriger Abend. Wie immer bin ich Jean-François gegenüber wehrlos. Als er mich fragt, wie es mir geht, bleibe ich stumm; am liebsten würde ich weinen. Ich biete ihm einen Aperitif an, anschließend gehen wir ins Restaurant. Er erzählt mir von seinen Ferien auf Kreta. Er beschreibt alles so anschaulich, daß ich am liebsten gleich selbst losfahren würde, um diese Insel zu erkunden. Der Abend vergeht... Seine Fragen lassen mir kaum eine Rückzugsmöglichkeit. Am Ende

gestehe ich ihm, wie sehr mir vor der Zukunft bange ist. Ich erzähle ihm von den Männern, denen ich begegnet bin, von Pierre. Er kommt mit mir zurück ins Haus, um seinen Motorradhelm zu holen, geht auf den Balkon. Es ist sehr warm draußen. Ich bemühe mich, meine Stimme sicher klingen zu lassen. Er umarmt mich freundschaftlich und geht.

*26. August*
Heute hat mich der Putzteufel geritten. Stundenlang habe ich aufgeräumt, geputzt und gebohnert: Die Fenster, die Möbel, die Küche, das ganze Haus blitzen vor Sauberkeit. Jetzt bin ich so erschöpft, daß ich nicht einmal mehr die Kraft habe, mich über den Erfolg zu freuen. Gestern habe ich ein Buch von Greenson über »Technik und Praxis der Psychoanalyse« gekauft. Ich verschlinge die Kapitel, die sich auf die Fragen beziehen, die ich mir selbst stelle; zu meiner Überraschung bringen mich seine Ausführungen Sachs etwas näher. Die Erklärung der Techniken, des Ablaufs einer Therapie beweisen mir, daß Sachs nicht allzu sehr von dem entfernt ist, was auch woanders praktiziert wird. Also ist mein mangelndes Vertrauen nicht unbedingt gerechtfertigt. Trotzdem, ich muß einfach mal den Mut finden, ihn zu fragen, seit wann er Psychoanalytiker ist.

*Malakoff, 29. August*
Renaud. Seine forsche Kinderstimme am Telefon. Ich war so glücklich über das Gefühl seiner Nähe. Ich hab' mich auch gefreut, Pierre zu hören. Sie werden bald zurückkommen.

*Malakoff, 1. September*
Augenblicke der Panik. Womit soll ich diese beiden Tage ausfüllen? Niemand liebt mich, ich bin zu nichts nütze. Die Müdigkeit senkt sich auf mich wie schwüle Gewitterluft. Ich habe den Eindruck, diese gesichtslose, gleichgültige Menge auf der Straße sei mir feindlich gesinnt. Ich sehe die Leute aufmerksam an, als könnte ich ihre Gedanken, ihr Leben erraten. Ich sehne mich so sehr, geliebt, begehrt, zärtlich in den Arm genommen zu werden. Der Anblick der Kinder, die un-

ten auf dem Hof spielen, tut mir weh. Sie erinnern mich allzu sehr an Renauds Schwierigkeiten in der Schule. Ich habe solche Angst vor der Zukunft.

*Samstag, 2. September*
Ich rufe Jean-François an und lade ihn zum Mittagessen ein. Wir setzen uns hinaus auf den Balkon.
Jean-François mit seinen ausgeprägten Gesichtszügen, lächelnd, gestikulierend, von seiner Arbeit erzählend, seinem »sozialen Aufstieg«. Ich schenke ihm einen Kaffee ein, er trinkt ihn in einem Zug aus und steht gleich danach auf, um mit Bernard Tennis zu spielen.
Meine Einsamkeit überfällt mich wieder. Ich empfinde sein Gehen als ein Verlassenwerden, eine Ablehnung. Ich rolle mich auf den Balkonkissen zusammen und versinke in einen schweren, bedrückenden Schlaf, aus dem mich immer wieder das Gefühl einer drohenden Gefahr weckt. Ich habe zu mir selbst kein Vertrauen: Es könnte ja durchaus sein, daß ich im Halbschlaf über die Brüstung klettere.

*Sonntag, 3. September*
Meine Magenschmerzen sind schlimmer geworden. Robert verschreibt mir Dogmatil. Meine Ängste sind jetzt zwar verschwunden, aber ich kann mich vor lauter Schlaftrunkenheit kaum noch auf den Beinen halten. Ob das wohl besser ist als die Magenschmerzen?
Ich warte auf Renaud. Aber manchmal denke ich, vielleicht hat er einen Unfall und kommt heute gar nicht zurück. Ich will ihn sehen, will ihn in meine Arme schließen. Was er mir wohl erzählen wird?
In ein paar Tagen wird auch Sachs zurück sein. Ich stelle mir gar nicht mehr die Frage, ob ich nun die Analyse weitermachen oder sie unterbrechen soll. Alles ist mir egal, ich schlafe vor mich hin. Die Dinge haben ihr Gewicht verloren. Dank dem Wundermittel Dogmatil!

*Rue Alphand, 5. September*

Trotz Dogmatil ist mir ganz schlecht vor Angst. Seine Gegenwart, sein Lächeln. Nur – ich »sehe« ihn nicht. Dabei hatte ich mir vorgenommen, ihn einmal ganz genau »unter die Lupe zu nehmen«; aber jetzt bin ich so von Angst geschüttelt, daß mein Blick einfach durch ihn hindurchgeht.

Ich hole tief Luft:

»Ich will die Analyse mit Ihnen nicht mehr fortsetzen. Ich habe kein Vertrauen zu Ihnen, ich fühle mich bei Ihnen nicht gut aufgehoben…«

Er bittet mich, ihm mehr darüber zu sagen. Mir fällt nichts weiter ein. Aber er insistiert. Ich fühle mich in die Falle gelockt. Und schließlich kommt mir ein entsetzliches Argument in den Sinn:

»Und außerdem sind Sie Jude… Ich mag keine Juden.«

Ein albernes Lachen steigt in mir auf, das ich kaum beherrschen kann.

Er entgegnet ohne jede Regung:

»Schön, ich werde Ihnen eine Liste der Analytiker geben, die Sie konsultieren können.«

Ich werfe schüchtern ein:

»Vielleicht würde es mir die Ablösung etwas erleichtern, wenn ich nur noch eine einzige Stunde in der Woche…«

»O nein, davon kann keine Rede sein, ohne den genügenden Ernst…«

»Ich dachte nur, ein größerer Abstand zwischen den einzelnen Therapiestunden sei vielleicht vernünftiger… Bis ich einen anderen Analytiker…«

Er unterbricht mich wütend:

»Ich bin dagegen!«

Ich wage nicht, ihm zu widersprechen, aber seine Reaktion verstärkt noch meine Zweifel. Als ich ihn verlasse, habe ich das Gefühl, mich in Gefahr zu befinden. Mich verfolgt die Angst – oder auch der Wunsch –, vergewaltigt zu werden.

Will ich ihn wirklich verlassen?

Ein bißchen versöhnt mich diese erste Stunde wieder mit ihm, aber mein Wunsch, ihn in die Knie zu zwingen, ist stärker als alles andere.

Es empört mich, wenn er davon redet, es bereite mir Vergnügen, Angst zu empfinden, wenn er behauptet, ich klammere mich an meinen Symptomen fest.

*Rue Alphand, 10. September*
Ich öffne die Tür und bin überrascht von seinem jugendlichen Aussehen. Aber als ich ihm gegenübersitze, entdecke ich in seinen Zügen die Zeichen nahenden Alters. Er empfängt mich lächelnd und erklärt, es sei nicht leicht, einen anderen Analytiker zu finden; er habe für mich herumtelefoniert: Kein einziger sei frei. Ich habe ihn in Verdacht, nicht allzu eifrig bei der Suche zu sein. Ich rede von meiner Mutter und unseren Streitigkeiten, meinem Vater und seiner Gewalttätigkeit, wenn er betrunken war.
»Und weshalb glauben Sie, daß Ihr Vater Sie vergewaltigt hat?«
»Ich weiß nicht...«
»Das sollten Sie aber wissen.«
Seine Entgegnung verwirrt mich: Ich glaube, daß mein Vater mich vielleicht vergewaltigt hat, wenn er betrunken war – aber wie kann ich es erklären, daß ich keinerlei Erinnerung daran habe? Es ist ein sonderbares Phänomen: Ich könnte völlig aufrichtig sagen: »Aber ja doch... Er hat mich vergewaltigt, wenn er nicht da war.«
Als ich nach Hause zurückkomme, fällt mir Renaud auf die Nerven, der keinen Augenblick Ruhe gibt. Er will seine Freunde um sich haben, die ich offenbar wie Kaninchen aus dem Hut zaubern soll; hält sich für Travolta und will, daß ihn ein Kreis von Bewunderern umgibt, die ihm beim Tanzen zuschauen; ständig fordert er mich auf, zwischen zwei Dingen zu wählen, turnt in seinem Drehstuhl herum, schwenkt die Hängelampe hin und her, zählt die Tage, bis die Schule wieder beginnt, fängt wieder das Drama mit den drückenden Schuhen an.
Ich kann ihn absolut nicht dazu bringen, daß er allein unten im Sandkasten spielt. Ich fange an zu ersticken. Um diese entsetzliche Situation zu beenden, schlage ich ihm vor, auf der Allee ein bißchen Fahrrad zu fahren:

»Nein, ich will nicht ohne dich gehen.«
Ich erkläre mich bereit, ihn zum Spielplatz zu begleiten, wo ich mich wenigstens auf eine Bank setzen kann.
»Ja. Aber Karine soll mitkommen.«
Ich halte das nicht mehr aus.
Als Pierre kommt, nimmt er ihn zu einem Fest der »Humanité« mit. Ich bleibe allein, habe Schuldgefühle wegen meiner Verweigerung und bin total erschöpft. Ich schlafe ein. Als ich erwache, klopft mein Herz zum Zerspringen. Ich möchte so gern einen Mann neben mir haben, einen Mann auf mir, einen Mann dicht an meinem braungebrannten Körper, meinen schmerzenden, von Dogmatil geschwollenen Brüsten.

*Rue Alphand, 12. September*
»Sie haben mir noch immer keinen Analytiker genannt.«
»Das ist nicht so einfach, aber ich kümmere mich darum.«
Ich erzähle von Pierre, Renaud, sage ihm, daß ich am liebsten allein schlafen, ein Bett für mich allein haben würde.
»Können Sie das noch etwas genauer beschreiben?«
»Nein, das kann ich nicht... Es wäre zu schmerzlich, zu gefährlich.«
Warum habe ich solche Angst vor meinen Worten, warum bin ich derart blockiert? Warum habe ich solche Schwierigkeiten zu reden?
»Sie haben Angst vor ganz einfachen Dingen, die Sie sagen könnten...«
Er lächelt, seine Stimme klingt beruhigend. Er hat gerade seine Zigaretten fallen gelassen und bemüht sich, das Päckchen aufzuheben, ohne extra aufzustehen. Ich beobachte seine Verrenkungen und frage mich, ob er nicht ebenso schüchtern ist wie ich. Ich finde den Zwischenfall komisch. Als ich ihn verlasse, fühle ich mich wie zerschlagen, bedroht, willenlos und verwundbar; ich habe den Eindruck, physisch von ihm abhängig zu sein. Wenn ich bei ihm bin, habe ich ein sehr starkes Verlangen danach, ihn zu berühren. Auf der Straße sehe ich mir die Männer, denen ich begegne, daraufhin an, ob man mit ihnen schla-

fen kann oder nicht. Ich brauche einfach einen Mann neben mir.
Ich hasse ihn, ich wünschte, er wäre tot! …

*Rue Alphand, 15. September*
»Ich kann nicht bleiben… Ich habe zu sehr Angst! …« Zum erstenmal sehe ich ihn wirklich an und finde ihn anziehend. Er ist braungebrannt. Völlig gelassen, das Kinn auf die Hand gestützt, sieht er unverwandt wie auf einen fernen Punkt. Ich glaube, er schielt ein bißchen.
Er sagt:
»Sie sehen mich heute mit anderen Augen.«
Seine Ruhe bringt mich auf. Ich reagiere aggressiv:
»Am liebsten würde ich Ihnen dieses Ding da« – ich deute auf eine Keramikvase, die auf dem kleinen Tischchen steht – »an den Kopf werfen! Vielleicht bekäme Ihr Intellektuellengeschwätz dadurch etwas Wirklichkeitsnähe!«
Als ich ihn verlasse, zittre ich an allen Gliedern.
Ich rufe Claudine an und erzähle ihr, was ich mit Sachs erlebe. Sie ist noch immer der gleichen Meinung:
»Hör auf, sonst wirst du noch völlig verrückt!«

*Rue Alphand, 19. September*
Mit großer Überwindung teile ich ihm mit, daß ich am Freitag nicht kommen kann: Ich muß nach Rouen fahren, um ein renoviertes Wohnviertel zu besichtigen. Sachs nickt, schlägt mir aber nicht vor, die Therapiestunde zu verschieben. Er ermuntert mich zu reden, hört mir aufmerksam zu. Ich erzähle ihm von meiner Furcht vor der Balkonbrüstung, meinem Schlafwandeln als Kind, meinem Drang, jedesmal, wenn ich einem Mann begegne, die offenen Hände auszustrecken. Dabei fällt mir ein, wie wir unsere Hände dem Lehrer zur Sauberkeitskontrolle vorzeigen mußten, wenn wir in die Klasse kamen. Sachs sagt etwas über die Schuldgefühle, erwähnt meinen Minderwertigkeitskomplex: Ich glaube immer, ich hätte mich ungeschickt ausgedrückt, wenn mein Gesprächspartner nicht versteht, was ich sagen wollte.
»Erzählen Sie mir etwas über Ihren Mann.«

»Da gibt es nichts zu erzählen, die Brücken zwischen uns sind abgebrochen.«
Er blättert in seinem Kalender:
»Ist es Ihnen recht, wenn wir die Therapiestunde von Freitag auf Donnerstag verlegen?«
»Ja, natürlich.«
»Vielleicht komme ich ein paar Minuten später, wenn ich in einen Stau gerate.«
Er wirft mir ein liebenswürdiges Lächeln zu. Und mir fällt ein, daß er mir noch immer keinen anderen Analytiker genannt hat, den ich aufsuchen könnte.

*Rue Alphand, 26. September*
Es ist früh am Morgen. Mir ist übel. Gott sei Dank regnet es; der Regen erfrischt mein Gesicht etwas...
»Es geht mir schlecht. Ich habe Angst, wieder depressiv zu werden...«
»Legen Sie sich hin. Soll ich meine Zigarette ausmachen?«
Es ist mir lieber, ich bleibe sitzen. Ich erzähle ihm von dem lastenden Gewicht meiner Träume, die ich aber nicht wiedergeben kann. Er erinnert mich an meine Bemerkungen über meinen Vater, meint, jene Vergewaltigungsvorstellungen erlebte ich hier, mit ihm.
Ich beschreibe ihm die Angst, wenn meine Mutter meine Schwester und mich losschickte, um unseren Vater aus der Kneipe zu holen, unsere Scheu, den verrauchten Schankraum zu betreten und die anzüglichen Bemerkungen der Betrunkenen über uns ergehen lassen zu müssen.
»Ihr Vater lieferte Sie gewissermaßen den anderen aus.«
Ich finde diese Interpretation etwas übertrieben und bezweifle ihre Richtigkeit. Aber er läßt sich nicht davon abbringen. Keiner von uns beiden sagt mehr ein Wort. Ich muß unbedingt dieses Schweigen brechen, sonst...
»Übrigens... Mein Vater... Ich glaube... Daß ich ihn körperlich begehrt habe...«
Ich werfe ihm diesen Köder vor, um Zeit zu gewinnen, mich wieder zu fassen. Unsere Blicke begegnen sich, ich muß plötzlich lachen; wir haben beide das Spiel durchschaut.

Und wenn ich nun wirklich Angst hätte, vergewaltigt zu werden?
Schritte auf der Treppe... Plötzlich fühle ich mich bedroht.
»Als ob jemand hereinkommen könnte?« fragt er mich.
»Ja... Ich fühle mich schuldig.«
»Was hier vor sich geht, ist erotisch, und davor haben Sie Angst.«

*Montparnasse, 28. September*
Im Büro wird von Kündigungen gemunkelt. Schlimme Aussichten.

*Rue Alphand, 3. Oktober*
Ich bleibe eine ganze Weile stumm, kauere mich im Sessel zusammen. Er schlägt mir einige Themen vor, schweigt abwartend.
»Ich kann diese Angst nicht mehr ertragen... Lieber gehe ich!«
Ich stehe auf. Er entgegnet kühl:
»Wie Sie wünschen, Madame!«
Ich gehe zum Fenster und bleibe dann mitten im Zimmer unschlüssig stehen. Nach einer Weile bitte ich ihn:
»Helfen Sie mir doch ein bißchen.«
Er dreht sich zu mir um und sagt sanft und überzeugend:
»Setzen Sie sich erst einmal...«
Ich fühle mich beruhigt und kann jetzt auch reden.
Ich sage, daß ich mich schuldig fühle, weil Pierre leidet. Und ich finde sein Unglück noch ungerechter als meins, weil ich wenigstens mehr über den Ursprung unserer Konflikte weiß als er. Ich fürchte auch, er könnte plötzlich eine übereilte Entscheidung treffen, wie das schon einige Male geschehen ist.
Heute abend ist Renaud abscheulich. Er klammert sich an seinem kleinen Schulfreund fest, umarmt ihn, daß er fast erstickt, will unbedingt ein Eis, weigert sich aber, sich unten beim Bäcker eins zu holen. Ich schlage ihm vor, mit ihm in den Garten zu gehen; er kann Fahrrad fahren, und ich lese die Zeitung. Aber nein, er will mit der elektrischen Eisenbahn in

seinem Zimmer spielen. Ich setze mich hinaus auf den Balkon, aber er stört mich ständig. Ihm paßt dies nicht und jenes nicht; er schreit, stampft mit den Füßen, brüllt, zwischendurch will er unbedingt seine Freunde um sich haben; wahrscheinlich, um an ihnen seine Wut auszulassen. Ich reagiere nicht. Er geht hinauf zu der kleinen Nachbarstochter, die aber nicht mitkommen will. Vorhin, als die Kleine noch mit ihm zusammen auf dem Hof war, würdigte er sie keines Blikkes. Dauernd kommt er jetzt mit seinen Forderungen zu mir: Er schreit, daß er weißes, ungefaltetes Papier braucht. Ich erkläre mich einverstanden, ihm eine kurvenreiche Straße zu zeichnen, die von einem Bahnübergang zum nächsten führt. Er scheint damit zufrieden zu sein, ich bin erleichtert; aber ein paar Augenblicke später schreit er wieder los. Er hat gerade meine Zeichnung zerrissen, weil sie ihm doch nicht gefällt. Jetzt verlangt er, ich soll ihm eine neue machen. Aber diesmal weigere ich mich entnervt, und der Abend geht so weiter, mit Forderungen, Schreien und Tränen. Plötzlich scheint das Gewitter vorüber: Ich höre, wie er vor sich hinsingt. Aber schon eine Minute später fängt er wieder mit seinem Gequengel an.
Ich erinnere mich an die Stimme, mit der Sachs zu mir sagte: »Setzen Sie sich erst einmal.« Warum klang sie so beruhigend, so tröstlich? Nachher fühlte ich mich ganz wohl bei ihm und konnte mich ohne Schwierigkeiten ausdrücken.

*Rue Alphand, 6. Oktober*
Sachs ist erkältet. Er träufelt sich etwas in die Nase, trägt eine Leidensmiene zur Schau. Aber dadurch wird meine Angst nicht gelindert. Ich komme wieder auf seine ablehnende Haltung in bezug auf eine Unterbrechung der Therapie zu sprechen. Und, auf einen Film von Joseph Losey anspielend, in dem der »Besessene« ein junges Mädchen einsperrt, sage ich:
»Ich komme hier nicht lebend heraus.«
Er behauptet, seine Schmetterlingssammlung seien die Patienten.
»Ach so?«

*Rue Alphand, 13. Oktober*
Er fordert mich unumwunden auf:
»Erzählen Sie mir etwas über Ihre Angst vor den Männern.«
»Welche Angst?«
Ich denke nach, aber mir fällt nichts ein.
Er läßt nicht locker.
»Was Ihnen gerade in den Sinn kommt...«
Ich sage ihm, daß ich manchmal gern in seinem Bett sein möchte, mich beschützt fühlen; dann würde ich warten, bis er eingeschlafen ist, und ihn erwürgen.
Er behauptet, ich würde am liebsten sein Glied solange umklammern, bis er daran stirbt.
»Ach ja?«
Ich stelle fest, daß ich unwillkürlich die Hände geschlossen habe. Wir lachen beide. Aber ich möchte mich jetzt am liebsten verkriechen, ich schäme mich entsetzlich und habe Angst davor, über Sexualität reden zu müssen. Ich glaube, ich werde das nie können.
Die Stunde ist zu Ende. Er steht auf, wie ein Ungeheuer, das aus dem Meer auftaucht, und ich stehe wieder auf der Straße. Mir ist, als könnte ich keinen Schritt mehr gehen. Ich möchte mich hinsetzen, mich auf dem Bürgersteig zusammenkauern. Den ganzen Vormittag lang hält mich diese Angst gefangen. Der Wunsch zu töten überkommt mich; ich möchte mich selbst umbringen.
Aber würde er durch meinen Selbstmord denn sterben? Sobald jemand an meine empfindlichen, schmerzhaften Stellen rührt, bekomme ich sofort Selbstmordgedanken.
Wenn ich in der Metro bin, darf ich nicht zu weit nach vorn an die Gleise gehen. Ich möchte, daß es mir immer schlechter geht.

*Boulevard Raspail, Samstag, 14. Oktober*
Kein leichter Gang: Ich muß Dr. P..., einen Psychiater, aufsuchen, den Sachs mir empfohlen hat; er soll mir die Medikamente verschreiben, die ich brauche. Sachs möchte darüber nicht gern selbst entscheiden.

Es ist alles ziemlich konfus, was ich ihm erzähle; ich habe den Eindruck, er glaubt mir nicht; die Schwierigkeiten mit Renaud scheinen ihm zumindest übertrieben. Als ich schließlich dem Mann, der mir gegenübersitzt, ins Gesicht sehe, finde ich ihn unsympathisch. Ich nehme das Rezept, das er mir reicht, und zahle. Er will, daß ich Mittwoch wiederkomme.

Renaud wirft mit einem Kissen, die Stehlampe fällt um und der Glasschirm zerbricht. Er ruft erschrocken:
»Ich kann doch nichts dafür!«
Pierre ohrfeigt ihn.
Später am Abend singt Renaud in seinem Zimmer vor sich hin. In unserem Wohn-Schlafzimmer sieht der eine fern, und der andere fühlt sich gestört. Eine triste Stimmung.

*Malakoff, 15. Oktober*
Ein dichter Nebel fiel bei Anbruch der Nacht. Wir kommen von den Bertrands, die ihren fünfzigsten Hochzeitstag feierten. Es gelang mir zumindest, noch vor dem Abendessen zu gehen, und zwar mit einem Argument, das für die Gastgeber nicht ganz einleuchtend war:
»Wir sind erst vor knapp einer Stunde vom Tisch aufgestanden, und ich hab' wirklich keinen Hunger.«
Ich muß Pierre zur Tür ziehen; er findet sonst nie ein Ende.
Ich habe gehört, wie meine Schwiegermutter vorhin sagte:
»Meine Söhne haben keinerlei Komplexe.«
Am liebsten hätte ich ihr eine boshafte Antwort gegeben.
Wir sind draußen; die Gartentür schließt sich hinter uns, und wir laufen am Bahndamm entlang. Das wäre geschafft. Ich hebe den Rock über meinen Stiefeln hoch und renne mit nackten Schenkeln.
Aber wohin?
Plötzlich fühle ich mich frei: Ich habe diesen langweiligen Tag hinter mich gebracht. Und ich freue mich, wieder nach Hause zu kommen; ich habe das Gefühl, als wartete dort Sachs auf mich.

*Rue Alphand, 17. Oktober*
Ich setze mich; er lächelt mir zu. Mir fällt auf, daß die Naht an seinem Hosenbein aufgegangen ist. Aber ich sage nichts.
Heute nachmittag habe ich ziemlich lange geschlafen, um mich etwas von der vergangenen Nacht auszuruhen, in der ich lange wachgelegen habe. Um zwei Uhr morgens habe ich mich mit einem Buch in der Hand auf den Badewannenrand gesetzt und die Füße in einen Eimer mit warmem Wasser getaucht.

*Boulevard Raspail, 18. Oktober*
Es geht mir besser. Zweiter Besuch bei Dr. P... Ich drohe ihm damit, den Arzt zu wechseln, wenn er nicht die Dosis meiner Antidepressiva vermindert: Er ist einverstanden, und ich reduziere sie noch einmal, um weiter ins Büro gehen zu können. Ich werfe ihm vor, daß er mich zu oft kommen läßt; aber das überhört er geflissentlich.

*Rue Alphand, 20. Oktober*
Sachs sagt zu mir:
»Sie halten mich für einen Voyeur, der einzig und allein wissen will, wie und mit wem, und zwar zu seinem eigenen Vergnügen...«
Als ich gehe, ermuntert er mich fast freundschaftlich:
»Rufen Sie mich doch morgen in der Mittagspause an, wenn Sie mir etwas sagen möchten, und sei es nur guten Tag...«
Ich finde diesen Vorschlag sonderbar.

*Vincennes, 22. Oktober*
Augenblicke der Entspannung: Die Zebras, die aufgeregten Affen, der unbewegliche Reiher, das Wisent mit seiner rauhen Zunge, das sich eine große Scheibe trockenes Brot bei mir holt, das Rhinozeros mit dem rosigen offenen Maul, das es überhaupt nicht übel nimmt, als ein Kohlblatt sein Ziel verfehlt und ihm auf das Auge fällt. Meine Angst, als Renaud sich zu den braunen und weißen Bären beugt, die unter ihrem Teddybär-Äußeren so gefährlich sind. Die Herbstfarben, Kastanien unter dem toten Laub.

Wir kommen nach Hause; Renaud hat seinen Anorak schmutzig gemacht. Pierre ist wütend, meint, »man darf ihn nicht allzuoft waschen«. Mein erstaunter und etwas verächtlicher Blick reizt ihn nur noch mehr. Ich gieße noch Öl ins Feuer:
»Hör mit diesem Quatsch auf, du wäschst ja schließlich nicht.«
Er ist beleidigt:
»Natürlich, was ich rede, ist immer nur Unsinn... Ich habe hier überhaupt nichts mehr zu suchen...«
Mein Herz fängt an zu klopfen. Wovor habe ich denn bloß solche Angst?
Vor allem: vor dem Schweigen, der Weite, der Leere, der Gefahr, meinen Arbeitsplatz zu verlieren, der Einsamkeit; und auch meine Verantwortung gegenüber Renaud lastet schwer auf mir.
Ich schaue Pierre an: Er ist ganz offensichtlich wütend. Und ohne zu wissen, was diese Reaktion ausgelöst hat, werde ich plötzlich von einem Lachanfall geschüttelt. Auch bei Tisch kann ich mein Lachen kaum unterdrücken. Während ich ihm die Schüssel mit grünen Bohnen reiche, pruste ich los:
»Du wirst ja sehen, ob du woanders ebenso gute bekommst.«
»Ausgeschlossen ist das nicht...«
»Ach ja... wenn du sie selbst in deinem Garten ziehst... Aber dafür bist du ja viel zu faul...«
»Das ist wohl heute der Tag der Komplimente.«
Und er ißt ruhig weiter. Nicht einmal eine heftige Auseinandersetzung gibt es mehr zwischen uns.

*Rue Alphand, 24. Oktober*
Sachs hat eine andere Hose an; vielleicht hat ein beherzter Patient ihn auf die offene Naht aufmerksam gemacht?
Ich beschreibe ihm meinen Traum: Ich biete einem Unbekannten meine nackte Brust dar oder, genauer gesagt, ich knöpfe meine Bluse auf, um mich von ihm streicheln zu lassen. Vielleicht handelt es sich bei dem Unbekannten um eine Gestalt aus dem Film »Die Straße von Salina«, den ich am

Abend zuvor gesehen habe. Sachs behauptet, er sei dieser Mann. Er läßt wirklich nie eine Gelegenheit aus, um sich ins Bild zu bringen.
Wir sprechen darüber, daß ich ihn während der ganzen ersten Stunden nie ansehen konnte. Jetzt endlich schaue ich ihn aufmerksam an: Ich muß mich daran erinnern, wie er aussieht – ich finde ihn anziehend. Eben noch war ich fast entspannt, aber plötzlich halte ich die Hände vor meine Brust, wie um mich zu schützen. Ich erzähle ihm, bei der Liebe müßte ich immer die Augen schließen, um nichts zu sehen.
Die Stunde ist zu Ende; er steht auf und wirkt dadurch sehr bedrohlich auf mich. Ich glaube, er hat meine Unruhe bemerkt. Während ich meine Jacke anziehe, redet er immer noch weiter. Mir fällt etwas Beängstigendes ein: Als ich kam, fragte ich mich, ob ich wohl den Mut haben würde, meine Jacke auszuziehen, und dann habe ich gedacht: »Warum denn nur die Jacke? ...«

*Boulevard Raspail, Mittwoch, 25. Oktober*
Dieser Dr. P... macht keinen sehr guten Eindruck auf mich. Es ist mein dritter Besuch in zwei Wochen, und er hat bisher nicht einmal den Blutdruck gemessen. Er droht mir, die Behandlung abzubrechen, wenn ich mich nicht an seine Verschreibungen halte, und gibt mir schließlich einen neuen Termin. Ich bin mutig genug, mich dagegen zu wehren. Er ist einverstanden, den Termin auf den nächsten Monat zu verschieben. Ich sage eher scherzhaft zu ihm:
»Bei dieser Einstellung wird die Krankenkasse bald pleite sein.«
Er findet das keineswegs zum Lachen und entgegnet ziemlich kühl, während er aufsteht:
»Sie brauchen sich keine Mühe zu geben, einen Grund zu erfinden, wenn er nicht der richtige ist.«
Mir ist dieser Typ unsympathisch. Als ich wieder auf der Straße bin, drehe ich mich noch einmal um und sehe mir diesen Neubau etwas genauer an: Das Klingelschild beweist, daß er erst zum Teil bewohnt ist. Und ich denke, daß man, um eine Praxis am Boulevard Raspail zu haben, wohl eine ganze

Menge Patiententermine braucht, seien sie nun gerechtfertigt oder nicht.

*Rue Alphand, 26. Oktober*
Eine schlaflose Nacht. Frühmorgens nehme ich noch eine Tablette. Ich wäre jetzt durchaus fähig, mit einem Küchenmesser im Stiefelschaft zu meiner Therapiestunde zu gehen und ihn zu erstechen, oder es zumindest zu versuchen.
Ich beschreibe Sachs meinen Traum: In einem Laden probiere ich ein Kleid an; der Rock gefällt mir ganz gut, aber das Oberteil ist zu eng. Ich fasse den Verkäufer um die Taille und trällere mit ihm ein arabisches Lied: Ich benutze Worte, ohne deren Sinn zu kennen. Renaud trägt ein gestricktes Kleid. Fliegende Untertassen steigen drohend am Himmel auf; wir wollen uns ins Schloß flüchten, aber ich wittere die Gefahr; die Nonnen fordern uns auf, in die Kapelle zu gehen, und wir kommen alle in den Flammen um, wie in Oradour.
»Warum Oradour?« fragt mich Sachs.
Da erinnere ich mich plötzlich an das Buch über diese Tragödie. Meine Mutter versteckte es hinter einem Wäschestoß in ihrem Schlafzimmerschrank. Es lag dort neben einer Vaginalspritze und einer Milchpumpe. Manchmal nahm ich während ihrer Abwesenheit das Buch heraus, um darin zu blättern. Ich war von den Fotos der verkohlten, verstümmelten Opfer fasziniert und erschreckt.
»Benutzte Ihre Mutter die Spritze, um sich zu masturbieren?«
Ich überspiele meine Scham:
»Nein, eher als ein, übrigens unwirksames, Verhütungsmittel...«
Er sagt leise, wie zu sich selbst:
»Mit der Spritze hinein und mit der Milchpumpe heraus...«
Ich entgegne, um dieses unangenehme Thema zu beenden:
»Das Prinzip der kommunizierenden Röhren...«
Ich möchte ihm gern sagen, daß ich zu Dr. P... nicht viel Vertrauen habe, und gleich darauf hinzufügen:
»Zu Ihnen übrigens auch nicht...« Aber ich kenne seine Re-

aktion, er wird das alles als Hirngespinst abtun. Dabei bin ich sicher, daß die vielen Besuche bei Dr. P... durch nichts gerechtfertigt sind. Ich versuche, mit ihm darüber zu reden, aber ich unterbreche mich gleich darauf. Er sieht mich fragend an, und ich fasse mir nun doch ein Herz. Zu meiner großen Überraschung widerspricht er mir nicht und schlägt vor, mir selbst die Medikamente zu verschreiben. Er fügt hinzu, er habe übrigens noch zwei andere Analytiker gefragt, aber ohne Erfolg. Vor lauter Dankbarkeit erwidere ich:
»Sie können aufhören zu suchen... Ich will jetzt nicht mehr wechseln...«
Die Stunde ist zu Ende; er lächelt. Ich fühle mich wohl bei ihm.

*Malakoff, 27. Oktober*
Eine lähmende Müdigkeit, ich bin unendlich erschöpft. Wie endlos mir dieses Wochenende erscheint. Pierres Gegenwart macht mich nervös. Renaud geht von dem einen zum anderen, von ihm zu mir, ohne lockerzulassen. Ich entziehe mich, so gut ich kann: Gehe durch die Kaufhäuser, ins Kino...
Ich möchte Pierre gern einen Vorschlag machen, aber es ist etwas schwierig. Ich fange damit an, daß wir vielleicht die Wand zwischen Wohn- und Schlafzimmer wieder einziehen könnten. Und füge sofort hinzu: Um fernzusehen und Musik hören zu können, ohne den anderen, der lieber schlafen möchte, zu stören... Doch dann komme ich auf den Kern der Sache:
»Wir könnten auch ein Klappbett ins Wohnzimmer stellen, damit man auch einmal... für sich sein kann...«
»Wir müßten dann ganz neu tapezieren...«, entgegnet er... als sei dies die einzige Konsequenz!
Ich bin überzeugt davon, daß ich diese Abgrenzung will und auch brauche. Aber für Pierre bedeutet diese Änderung das offene Eingeständnis unserer Unstimmigkeiten, gewissermaßen ihre Festschreibung. Dieses Sich-Entfremden ist so traurig. Manchmal möchte ich ihm sagen, er soll doch etwas tun, aber ich wage es nicht. Vorhin hat Dany beiläufig erwähnt, sie habe Pierre getroffen und er habe so traurig ausgesehen. Hat

das etwas mit meinem Vorschlag zu tun? Mir wird ganz schwer ums Herz.

*Les Prades, 28. Oktober*
Ein verlängertes Wochenende. Ich genieße die sanfte Herbstwärme auf dem Land, die Ausflüge mit dem Fahrrad, den Tannenduft, den Wald in seinen rot-grün-goldenen Farben. Ich fühle mich wohl, Sachs begleitet mich mit seiner unsichtbaren Gegenwart, ich trage diesen festen Anker, diese sichere Zuflucht mit mir. Unser ungewöhnlicher, wenn auch durch seine Begrenztheit und seine Unwirklichkeit frustrierender Dialog begleitet mich. Ich jäte Unkraut, schneide das Brombeergesträuch, das an der Gartenmauer hochwächst, nehme mich vor den Brennesseln in acht, die mir das Handgelenk streifen könnten, das einzige Stück bloßer Haut, das zwischen Handschuh und Jackenärmel noch frei ist. Renaud spielt mit alten Sachen, die er auf dem Speicher gefunden hat.
Ich brauche ein bißchen Ruhe, ich möchte gern etwas allein sein. Pierres Anwesenheit, seine Passivität, seine Boshaftigkeit, seine Bitterkeit deprimieren mich.
Als wir kamen, ging ich gleich auf den Speicher, um mir das neue Dachfenster anzusehen, das wir beim Dorfschreiner in Auftrag gegeben hatten. Statt der erwarteten breiten Öffnung hat man eine knapp zwanzig Zentimeter schmale Luke eingesetzt. Ich komme wütend wieder herunter und werfe Pierre seine mangelnde Präzision in bezug auf diesen Umbau vor, der den Speicher in ein Mansardenzimmer für Renaud verwandeln soll. Was soll man bloß mit einer so schwachen Lichtquelle anfangen? Renaud wird dort tagsüber nicht einmal spielen können. Ich warf Pierre seine Zerstreutheit bei der Vergabe des Bauauftrags nicht einmal so sehr vor wie seine Gleichgültigkeit. Er ist wie ein bleischweres Gewicht, das mich dem Alter und dem Tod entgegenzieht, statt mich zum Leben zu ermuntern. Auf meine Vorwürfe reagiert er mit einem noch deprimierenderen Entschluß:
»Na schön, dann kümmere ich mich eben um nichts mehr.«

Was soll man nur von diesen Nachbarn sagen, die ihre Katze mit einer Schnur an einem Pfahl festgebunden haben, weil sie so hübsch ist und sie Angst haben, sie zu verlieren. Ihr Unglück ist es also, ein schönes graues Fell und große grüne Augen zu haben. Wäre sie häßlich, könnte sie frei in den angrenzenden Gärten jagen. Was für eine Idiotie.

Die Sonne geht unter; kleine weiße Schäfchenwolken ziehen am blauen Himmel vorüber; über den Gipfeln der Tannen liegt ein heller Lichtschimmer. Ich habe mich in einen Liegestuhl in die Sonne gelegt, um mein Haar zu trocknen. Ich erinnere mich an den Urlaub, als ich mir ständig überlegt habe, wie ich Sachs loswerden könnte. Ein paar Monate sind vergangen, und ich bin wieder hier. Ich brauche ihn jetzt, ich brauche sein Lächeln, seine beruhigende Stimme und die Liebe zu ihm.

*Les Prades, 29. Oktober*
Ich frage Pierre in aller Freundschaft, was mit uns ist, was er aus seinem Leben noch machen will. Er erwidert aggressiv:
»Ich habe vor, meine Versetzung in die Provinz zu beantragen. Wahrscheinlich an die Autobahn Lyon–Genf...«
Er fügt hinzu, es sei alles noch sehr viel schlimmer geworden; zwischen uns sei nichts mehr möglich, alles trenne uns: Wir hätten nicht mehr den gleichen Geschmack, die gleichen Wünsche, nichts mehr. Er betont, daß er Renaud auch in Zukunft noch sehen will, das sei alles, was er verlange. Ich schlage ihm vor, jemanden aufzusuchen, der ihm raten und helfen könne... Er reagiert äußerst heftig:
»Was? Einen Psy etwa? Von denen habe ich mehr als genug, seit zwanzig Jahren höre ich nichts anderes... Mir geht es ausgezeichnet... Ich weiß, was ich will...«
Ich mache noch einen Versuch. Er wiederholt, ihm gehe es blendend, vor allem, wenn ich nicht da sei. Alles bricht zusammen. Ich schlucke meine Tränen hinunter: Er soll mich nicht weinen sehen.

*Montag, 30. Oktober*
Früh am Morgen bin ich an Renauds Bett gegangen und habe ihn sanft geküßt, während er noch schlief. Er wird noch ein paar Tage zusammen mit Pierre in Les Prades bleiben. Ich sehe durch das Abteilfenster, wie es langsam hell wird: Ein bläuliches Licht, das über den Bäumen gelegentlich ins Graugrün geht. Es ist schön auf dem Land. Vor mir liegt ein harter Tag, denn ich habe wegen meiner Analyse eine Vorladung der Krankenkasse bekommen und werde Sachs verteidigen müssen. Wie wollen diese Beamten wohl zu einem Urteil kommen? Wie und aufgrund welcher Tatsachen wollen sie die Notwendigkeit der Behandlung feststellen, in einem vielleicht zehn Minuten langen Gespräch?
Ich sehe Renaud vor mir, wie er in dem von der untergehenden Sonne schwach erleuchteten Schuppen aus alten Dachziegeln einen Unterstand für die Soldaten und die Pferde mitsamt den Gerätschaften baut. Die Verbindung nach außen wird durch eine lange Straße aus zusammengelegten Schindeln hergestellt, die an den Himbeerhecken vorbeiführt. Er spielte so in sich versunken, daß ich mein Buch weglegte, um ihm eine Weile zuzuschauen.

*Malakoff, 31. Oktober*
Die Entscheidung überrascht mich nicht allzu sehr. Ich habe eine oder zwei Fragen beantwortet, die ich übrigens für abwegig hielt, aber ich bekam gar nicht die Gelegenheit, etwas zu erklären. Eine mürrische Frau fiel mir ins Wort und sagte, ich hätte nur auf die Fragen zu antworten, die mir gestellt seien. Gleich darauf wandte sie sich an eine andere, wohl ihre Sekretärin, und murmelte: »Behandlung abgelehnt.«

Ich setze mich vor den Fernseher, um etwas Gesellschaft zu haben; ich weiß nicht mehr, wer ich bin, die Einsamkeit belastet mich, ich fühle mich nutzlos und laufe in der Wohnung auf und ab. Johnny Hallyday singt: »Je suis seul ce soir, désespéré...« Es klingt sogar ganz aufrichtig.
Welche Zukunft erwartet uns drei, was für Tage liegen vor uns? Wie werden sie aussehen?

*Malakoff, 1. November*
Heute nacht überkam mich Panik. Ich habe mich von der Angst so überfluten lassen, daß ich hinaus auf den Balkon gegangen bin. Die Leere hinter dem Gitter und unten dieser grüne Teppich... Mir war, als öffnete sich die Erde, um meinen fallenden Körper aufzunehmen. Ich spürte die Kälte, weinte stumm vor mich hin, fasziniert von der Tiefe unter mir: Das kleine Balkontischchen könnte mich auf gewisse Gedanken bringen; ich stellte es rasch in eine Ecke und ließ den Rolladen herunter, um alle Versuchungen auszuschalten. Ich schütze mich gegen einen Teil meiner selbst. Meine Angst läßt nach.

*Malakoff, 2. November*
Heute geht es mir besser. Ich male geometrische Formen, ohne sie vorzuzeichnen. Was dabei herauskommt, ist eine Collage, die an einen Seiltänzer mit kunterbuntem Kostüm erinnert.
Heute abend kommen Pierre und Renaud zurück. Ich lausche auf das Geräusch des Aufzugs, aber ich fürchte mich vor Pierres Anwesenheit.

*Rue Alphand, 7. November*
Sachs wundert sich über die ablehnende Entscheidung der Krankenkasse. Er rät mir, ein Gutachten beizubringen, bietet mir an, mich zu dem Sachverständigen zu begleiten. Diese Aussicht macht mir angst, denn aus irgendeinem Grund stelle ich mir vor, ich müßte dann mit ihm in seinem Wagen fahren. Es scheint ihm viel daran zu liegen, daß der Sachverständige die Behandlung befürwortet (hängt er so an seinen Kunden?). Natürlich liegt mir auch daran. Sachs lächelt. Ich starre auf seinen Mund; ich finde ihn anziehend.

*Malakoff, Mittwoch, 10. November*
Es geht mir noch immer ganz gut: Heute nachmittag war ich ganz beeindruckt von... meinem Friseur. Ich erinnere mich an seinen dunklen, ruhigen Blick, seine klugen Bemerkungen, sein Einfühlungsvermögen, seine Freundlichkeit.

*Rue Alphand, 14. November*
Ich erzähle ihm von meiner Kindheit, von meiner ertrunkenen Großmutter. Sie wurde mit einer Stange aus dem Wasser gezogen, die man an ihrem auf dem Wasser treibenden Rock festgehakt hatte. Ich erzähle von dem Sadismus meiner Mutter, ihrer Boshaftigkeit, den Demütigungen, die sie uns – meiner Schwester und mir – in Gegenwart unserer Schulfreundinnen zufügte, die gar nicht begriffen, warum wir nie mit ihnen ausgehen durften.
Ich erzähle, wie sie meiner Schwester und mir unter irgendeinem lächerlichen Vorwand verbot, am 15. August zur Kirmes zu gehen. Wir saßen unter den Apfelbäumen und säumten Taschentücher, während unsere Spielgefährten Karussell fahren durften. Ich erinnere mich an den Tag, an dem ich zum erstenmal meine Tage bekam, an mein Erschrecken, meine Angst. Und meine Mutter, die im Garten Unkraut jätete, rief mir mürrisch zu:
»Willst du etwa den ganzen Tag lang wie angewurzelt auf dem Stuhl hocken bleiben?«
Dabei war ich so müde und hatte eine panische Angst, daß ich bei der geringsten Bewegung verbluten könnte.

Bernard ist wieder zurück im Büro. Er sagt zu mir, ich sei plötzlich so voller Energie und Leidenschaft. Mit nichts konnte er mir eine größere Freude machen.
Im Augenblick frage ich mich bei jedem Mann, den ich sehe:
»Würde ich mit dem gerne ins Bett gehen?«
Unter allen, denen ich während meiner Arbeit begegne, ist keiner, mit dem ich leben möchte. Wo kommen bloß all diese Männer her, die sich durch nichts voneinander unterscheiden: kurzgeschnittenes Haar, phantasieloser Anzug mit Krawatte, gesetzte, unpersönliche Worte. Sie langweilen mich entsetzlich. In unserem Stock war Philippe der einzige, der nicht so war: In seiner Freizeit spielte er Rugby, manchmal arbeitete er als Rausschmeißer in einem Nachtclub. Bei uns bediente er den Fotokopierer mit einer Lässigkeit, die sich angenehm von der beflissenen Atmosphäre in der Firma un-

terschied. Man verschaffte ihm einen längerfristigen Ausbildungsvertrag. Auf diese Weise wurde man einen Mitarbeiter los, der nicht angepaßt genug war.

*Rue Alphand, 17. November*
Ich komme zu spät – aber es sind nur fünf Minuten...
Ich erzähle von den Mahlzeiten zu Haus als Kind: Die grünen Teller hatten oben eine kleine Verzierung, und ich starrte ständig auf diese geometrischen Figuren. Ich sage ihm auch, daß mein Blick durch ihn hindurchgeht und an einer ganz bestimmten Stelle unter dem Tisch hängenbleibt, dort, wo die Telefonschnur zusammengerollt liegt. Und ich sage ihm, es habe einen Vorteil, wenn ich ihm gegenübersitze: Ich sei dann sicher, daß er nicht schläft...
Ich erzähle ihm einen Traum. Ich bin am Steuer eines Wagens: Renaud sitzt hinten. Es regnet, ich muß eine Umleitung nehmen und verfahre mich. Ich halte an, um einen Autostopper mitzunehmen, der die Straßenkarte für mich lesen und mir Gesellschaft leisten soll. Ich drehe mich um. Renaud sitzt nicht mehr hinten; er muß in dem Augenblick ausgestiegen sein, als ich für den jungen Mann hielt. Ich fahre aus dem Schlaf hoch: Ich bin eine schlechte Mutter.
Sachs interpretiert:
»Ich bin dieser Autostopper; Sie verlassen Renaud, um mich zu sehen.«

*Malakoff, Sonntag, 12. November*
Ich bin wieder allein. Es ist immer das gleiche Spiel: Pierre schlägt Renaud vor, ihn irgendwohin mitzunehmen. Ich bin aus seinen Plänen ausgeschlossen. Erst, wenn sie dann weggehen, fragt er mich:
»Kommst du nicht mit?«
In dem Augenblick erfaßt mich eine so ungeheure Müdigkeit, daß ich zu keiner Bewegung mehr fähig bin. Es läuft so schlecht zwischen uns, daß selbst die einfachsten Dinge unmöglich werden. Wir ertragen uns nicht mehr. Pierre ist traurig, mürrisch, unwirsch. Wenn wir zum Abendessen eingeladen sind, wundere ich mich über seinen Appetit. Es ist, als

schlinge er alles in sich hinein, um eine Art Leere auszufüllen.
Ich finde, er trinkt ziemlich viel.
In einem Anflug von gutem Willen habe ich ihm vorgeschlagen, einen Pullover für ihn zu stricken. Er warf einen raschen Blick auf das Schnittmuster und lehnte unwillig ab.

*Malakoff, 20. November*
Ich fühle mich niedergeschlagen. Die kleinste Geste, der einfachste Gedanke sind entsetzlich mühevoll. Ich habe Rückenschmerzen, und meine Augen wollen einfach nicht offen bleiben.
Woher kommt diese Müdigkeit? Liegt es an meinen Problemen, die so an meinen Kräften zehren? Manchmal fürchte ich, eine ernsthafte Krankheit zu haben, die mich heimtükkisch zerfrißt.
Ich bringe Renaud immer noch regelmäßig zur Beratungsstelle. Unterwegs fragt er mich, ob ich mein Zaubergetränk bei mir habe. Ich hole aus meinem Beutel eine kleine Flasche mit Zuckerwasser. Seine Stunde bei der Psychologin hat kaum angefangen, da kommt er mit triumphierender Miene zurück in den Wartesaal:
»Es ist schon Schluß!«
Dabei wollte er bloß ein Stück Kreide holen. Ich bin überglücklich über seine lockere Art. Er versucht jetzt, auf der Straße alle Schilder zu lesen, die er sieht.

*Malakoff, 21. November*
Sachs! Ich möchte mich an Sie lehnen, ich bin so hin- und hergerissen, so unglücklich über den sichtbaren Unterschied zwischen den anderen Kindern und meinem. Seine »Krankheit« ist ein Beweis meines eigenen Versagens.
Ich habe die Antidepressiva-Dosis erhöht und stelle fest, daß mein Angstgefühl abnimmt. Ich brauche also nur ein paar Tropfen dieses Wundermittels zu nehmen, und schon erscheinen mir meine Sorgen – die doch dieselben bleiben – weniger unerträglich...
Renaud kommt gerade zu mir und singt etwas von Weltraumsphären und Milchstraßen. Seine Schrift wird immer besser.

Vor Eifer streckt er die Zunge heraus und schreibt einen ganzen Satz: »Scheise, duh bißt ein Ahschloch.« Er lacht schallend, als er meine mißbilligende Miene sieht. Ich sehe ihm in die klarblauen Augen, in denen sich abwechselnd Freude oder Zorn widerspiegeln. Er wird einmal allzu sensibel sein, genauso wie ich.

*Malakoff, 22. November*
Ein sonniger Tag. Während des Essens sagt Renaud den ersten und den letzten Buchstaben eines Wortes, das ich erraten soll. Er fragt: »Ist es ein Tier? Ist es ein Ding?«
Ich bin nicht allzu gut im Raten, und er wird ungeduldig.

Ich rede mit Sachs über Renaud. Ich behaupte, daß er meine Probleme nicht verstehen kann, weil er selbst kein Kind hat. Er lächelt, ohne zu widersprechen. Er wirft mir vor, daß ich ihn nicht angerufen habe, als mich dieser Angstzustand überfiel. Ich erwidere resigniert:
»Ich habe schon daran gedacht. Aber dann hätten Sie ja doch bloß gesagt: ›Was kann ich für Sie tun?‹ und mich mit meinen Ängsten allein gelassen, ohne mich zu beruhigen. Wozu also!«
»An dem Tag, an dem Sie Vertrauen zu den Psy fassen, werden Sie auch gesund sein.«
Ich sage ihm, wie schmerzlich und frustrierend es ist, festzustellen, daß er nichts für mich empfindet. Er erwidert voller Ernst:
»Ja, ich kann Sie gut verstehen, die Beziehung zwischen dem Analytiker und seinem Klienten hat etwas Zwanghaftes; ich bin mir dieser Schwierigkeit durchaus bewußt.«
Die Stunde ist zu Ende, und er steht auf. Er kommt auf mich zu, ich finde ihn sehr anziehend mit seinem unrasierten Gesicht und möchte mich ihm am liebsten in die Arme werfen. Während er mich hinausbegleitet, redet er weiter.
Als ich zu Hause durch die Tür trete, stürzt Renaud mit strahlendem Gesicht auf mich zu: Er hat gerade in seinem Buch eine Sprechblase entziffert: »Rasch, Struppi, wir müssen zum Kapitän!« Er springt auf seinem Bett herum.

*Rue Alphand, 24. November*
Ich stehe von meinem Sessel auf und verberge das Gesicht in meinen Händen. Am liebsten möchte ich mich in seine Arme werfen und ihm zurufen: »Helfen Sie mir, lieben Sie mich«, aber kein Wort kommt aus meiner erstickten Kehle. Ich wische mir die Tränen ab; er kann mir doch nicht helfen. Dabei ist er da, ist gegenwärtig mit seinen Ohren, die ich für Geld gemietet habe. Aber es gibt etwas, das keinen Preis hat, das ist die elektrische Spannung zwischen uns; ich glaube an seinen Wunsch, mit mir zu arbeiten, mir zu helfen. Und doch verlasse ich ihn niedergeschlagen, entsetzlich allein und mit dem Gefühl, im Büro zu nichts nütze zu sein, in eine Gefühlsleere zu versinken, ohne Zukunft.

Michel B. ruft mich aus Lyon an, um mir scherzhaft vorzuwerfen, ich hätte ihm etwas verheimlicht: Er hat gerade gesehen, daß Pierre sich für einen Posten in Annecy bewirbt. Ich falle aus allen Wolken und habe Mühe, das Zittern in meiner Stimme zu beherrschen. Die Stimme am anderen Ende der Leitung verstummt verlegen; B... hat gemerkt, daß er einen Fauxpas begangen hat.
Heute abend ist Renaud besonders schwierig. Spürt er die Angst in mir, das Gefühl des Versagens, das mich niederdrückt? Was wird nur aus mir werden? Um neun Uhr liege ich bereits zusammengerollt in meinem Bett. Bin ich für Sachs nicht doch nur eine unglückliche Patientin unter anderen?

*Rue Alphand, 28. November*
Ich fühle mich so erschöpft, so allein inmitten der Menschenmenge in der Metro, so überlastet durch dieses unerträgliche Kind, das sich an mich hängt. Ich bin am Ende meiner Kräfte und möchte am liebsten sterben. Vielleicht wäre das das Ende meiner Leiden? Ich sehe keinen Schimmer Hoffnung, keinen Grund zu leben, zu atmen. Ich bin ständig müde.
Sachs wird wütend:
»Sie sind wirklich das letzte! Ich möchte Ihnen helfen, und jetzt ist weiß Gott nicht der Augenblick, alles wieder in Frage zu stellen, nur weil es Ihnen schlecht geht.«

*Malakoff, Mittwoch, 29. November*

Ich lasse mich von Renaud nach Sceaux mitschleppen, weil er gern seine Cousins wiedersehen möchte. Drei Stunden Fahrt, um kaum drei Stunden dort zu sein. Er frißt mich völlig auf, ohne zu merken, wie müde ich bin.

Endlich bekomme ich Nachricht von der Krankenkasse: Es ist die endgültige Ablehnung der Kostenübernahme. Ich frage Pierre um Rat, aber er hat nichts dazu zu sagen. Er teilt mir seinen endgültigen Entschluß mit, in der Provinz arbeiten zu wollen.

*Malakoff, Sonntag, 3. Dezember*

Ich habe versucht, mit Pierre zu reden. Ich habe ihn in der Küche festgehalten und versucht, ihm meine Verzweiflung begreiflich zu machen. Er ist abweisend und feindselig. Ich sage ihm, ich möchte nicht, daß er fortgeht, weil ich Angst habe:

»Ist denn gar nichts mehr zu machen? Wir haben doch schließlich achtzehn Jahre lang zusammengelebt...«

Er erwidert, er habe von seiner jetzigen Arbeit mehr als genug und außerdem drohe ihm hier die Arbeitslosigkeit. Ich sage zu ihm, wir könnten versuchen, daß es wieder besser zwischen uns wird und weiter zusammenleben, ohne den anderen in seiner Freiheit einzuschränken. Ich klammere mich an seinem Arm fest, aber er geht keinen Schritt auf mich zu. Ich will unbedingt mit ihm die Probleme zwischen uns erörtern, aber da zeigt er die größte Abwehr, die meiste Skepsis. Ich frage ihn vorsichtig, ob ihm unsere sexuelle Enthaltsamkeit schwerfällt. Er antwortet, man könne auf eine ganze Menge Dinge verzichten und lebenswichtig sei das nicht. Tränen steigen mir in die Augen, aber ich bemühe mich, nicht vor ihm zu weinen. Ein Gespräch zwischen uns ist unmöglich. Ein langer, unausgefüllter Nachmittag liegt vor mir. Pierre läuft im Zimmer auf und ab, Renaud lehnt alle Spiele ab, die ich ihm vorschlage. Er will unbedingt Spielkameraden haben; dabei hat er die beiden Jungen von Didier, der vorhin zu einem Kaffee zu uns hinaufkam, wieder gehen lassen. Ich umhäkle Taschentücher, mache mir eine Dauerwelle und gebe

Renaud schließlich das Firmengeschenk, das er eigentlich erst zu Weihnachten bekommen sollte. Ich fürchte mich vor dem morgigen Tag, an dem er mit der Klasse in Skiurlaub fährt: Ich selbst habe ähnlich schreckliche und schmerzliche Erfahrungen in meiner eigenen Kindheit machen müssen.
Ich kann den Gedanken nicht ertragen, daß Renaud sich verlassen fühlen könnte.

*Malakoff, 6. Dezember*
Morgens warte ich auf den Briefträger: Immer noch kein Brief von Renaud. Ich schreibe ihm jeden Tag ein paar Worte, eine Postkarte. Plötzlich packt mich die Angst; ich rufe seine Lehrerin an. Sie erzählt mir, es gehe alles gut, Renaud sei der beste Schlittenfahrer. Das Telefongespräch beruhigt mich nicht ganz. Ich stelle mir tausend Fragen in bezug auf meine Ängstlichkeit Renaud gegenüber. Vielleicht beruhen seine Schwierigkeiten auf unserer Beziehung? Vielleicht ahnt er intuitiv meine Todessehnsucht, so daß er sich um mich ängstigt und dadurch in seiner Entwicklung zur Unabhängigkeit gehindert wird?
Ich versuche noch einmal, mich Pierre zu nähern, aber mit wenig Erfolg. Und jetzt geht auch noch der Fernseher kaputt, so daß unser Blick nicht einmal mehr dasselbe Ziel hat. Er kommt gar nicht besonders spät nach Hause. Aber es ist, als sei ich für ihn Luft.

*Montparnasse, 7. Dezember*
Ich fühle mich so allein auf der Straße, in der Metro. Erst als ich beim Zahnarzt bin und mit geschlossenen Augen gleichgültig – oder fast – auf dem Behandlungsstuhl liege und die Wärme im Raum spüre, beruhige ich mich etwas.
Warum ist Pierre so feindselig? Ist er deprimiert? Fällt ihm diese zur Schau gestellte Gleichgültigkeit schwer, oder ficht ihn all unser Unglück überhaupt nicht an? Ich habe Angst, keine Arbeit mehr zu haben, arm zu sein, ich habe Angst vor der Einsamkeit, vor dem Alter. Nur der Tod schreckt mich nicht, aber ich bin für Renaud verantwortlich: Ich muß für ihn leben.

Wärme. Ich möchte gern eine noch wärmere Wohnung, von feuchter Wärme eingehüllt sein.
Ich nehme den Aufzug zusammen mit einer Nachbarin, die gerade ihren Mann verloren hat. Ich fühle mich ihr sehr nahe; zweimal sage ich »guten Abend« zu ihr, auch ich fühle mich als Witwe. Ich warte, daß die Tabletten wirken; ich möchte in den Armen eines Mannes einschlafen.
Als ich in Renauds Zimmer gehe, um die Läden zu schließen, merke ich plötzlich, wie sehr er mir fehlt. Ich vermisse seinen strahlenden Blick, seine Launen, seine Streiche, seine Lebhaftigkeit. Jeden Tag schreibe ich ihm, aber ich habe noch immer keinen Brief von ihm bekommen. Ist es denn wahr, daß es ihm gutgeht, daß er glücklich ist, daß ihm keine Gefahr droht, obwohl ich nicht bei ihm bin? Sagt man mir das nicht nur, um mich zu beruhigen?

*Malakoff, 8. Dezember*
Ich spüre die feuchte Kälte, wickle mich in warme Decken, atme meinen Menstruationsgeruch ein. Ich habe zwar das Bedürfnis, mich zu waschen, aber andererseits möchte ich auch diesen Geruch nach in Zellstoff getrocknetem Blut auf meiner Haut behalten. Der Bauch tut mir weh, und ich bleibe im Bett liegen; mir ist, als drückten mich bleischwere Gewichte zu Boden.

*Malakoff, 11. Dezember*
Meine Verzweiflung ist grenzenlos. Ich bin heute früher als gewöhnlich nach Hause gekommen; ich kann einfach nicht mehr. Nie werde ich diese Depressionen überwinden. Nach einigem Zögern rufe ich Sachs an. Er spricht sehr freundlich mit mir, hat aber keine Zeit, um mich heute nachmittag zu empfangen. Ich soll meine Antidepressiva nehmen und ihn heute abend zwischen 8.00 Uhr und 8.15 Uhr noch einmal anrufen. Ja, mein Sohn fehlt mir, ja, das Wochenende war schwierig…
Ich befolge seinen Rat. Ich wandere durch die Wohnung mit der Wärmflasche im Arm. Ich brauche diese Wärme an meinem Körper, ich brauche einen physischen Kontakt mit

einem Menschen. Ich glaube, ich könnte Sachs über das Haar streichen, aber nicht Pierre. Bei ihm würde ich in eine tiefe Wunde fassen, meine Hand wäre über und über mit Blut verschmiert. Draußen ist es schon dunkel, dabei ist es erst fünf Uhr. Es ist traurig, keinen Mann zu haben, der heimkommt, um mir zu erzählen, wie sein Tag gelaufen ist, von seiner Arbeit, seinen Schwierigkeiten und seinen Erfolgen. Kurz und gut, einen Mann, der sich freut, wieder bei mir zu sein. Statt dessen warte ich wenigstens auf Pierre, der zwar nichts sagen wird, aber zumindest heimkommt.

*Rue Alphand, 12. Dezember*
Sachs fragt mich als erstes, ob es mir nach meinem Anruf besser ging. Wir plaudern miteinander, und die Zeit vergeht. Ich sage ihm, ich könnte zu ihm gehen und ihm über das Haar streichen, aber ich bleibe wie angewurzelt sitzen. Er schlägt mir vor, ihn morgen nach acht Uhr anzurufen, auch am Sonntag. Wenn er da sei, könne ich mit ihm sprechen.

*Malakoff, 16. Dezember*
Es sind schreckliche Tage. Pierre muß sich um den Haushalt kümmern. Ich bin zu erschöpft. Wenn er nicht mit mir käme, könnte ich nicht einmal zum Einkaufen auf den Markt gehen. Ich fürchte mich vor Renauds Rückkehr. In ein paar Tagen wird er wieder dasein. Was wird er sagen, wenn er seine Mutter wiedersieht, die zu einem Wrack geworden ist? Ich habe Angst vor der Zukunft.
Nach dem ablehnenden Bescheid der Krankenkasse habe ich ein Gegengutachten beantragt, aber wozu: Ich will gar nicht mehr, daß es mir bessergeht, ich habe keinen eigenen Willen mehr. Ich lese Marcelle Auclairs Buch über »Das Leben der Heiligen Teresa von Avila«. Wenn doch nur Gott mir seine Hilfe zuteil werden ließe!

*Malakoff, Sonntag, 17. Dezember*
Ich weine; gewiß, ich könnte Sachs anrufen und ihn fragen: »Warum all dieses Leid? Werde ich durchhalten?«
Aber ich tue es nicht; ich kenne seine Antwort:

»Nehmen Sie Ihre Tabletten, schlafen Sie.«
Ich muß ihm das nächste Mal sagen, daß er so weit weg von mir ist, daß er nur ein Verwalter des Unglücks ist. Ich zweifle erneut an ihm.
Ich trage jetzt meine Armbanduhr am rechten Handgelenk, damit sie überhaupt geht; ich bin so träge geworden, daß die Bewegungen meines linken Arms nicht mehr ausreichen, um sie aufzuziehen.

*Rue Alphand, 19. Dezember*
Als ich Sachs verlasse, kann ich die Metro nicht mehr nehmen. Ganz Frankreich ist ohne Strom. Wie wird Renaud zurückkommen? Ob er wohl heute abend da ist? Ich bin so müde und so deprimiert – werden wir uns wiedersehen?
Ich nehme ein Taxi, um ins Büro zu fahren.
Renaud hat mir eine Zeichnung geschickt; er hat sich selbst auf einem Schlitten gemalt. All diese Briefe, die so spät ankommen, lange Zeit, nachdem sie geschrieben wurden...
Renaud kommt zurück; ich nehme ihn in die Arme. Er wirkt verändert. Ich weiß nicht einmal, ob ich glücklich bin, so sehr haben mich die Erschöpfung und die Angst betäubt. Ich nehme einen Geruch an ihm wahr, der nicht sein eigener ist. Auf dem Bettrand sitzend, lese ich ihm eine lange Geschichte vor.

*Donnerstag, 21. Dezember*
Heute morgen brachte ich ihn zur Schule. Dann quälte ich mich im Büro, hatte einen Termin beim Zahnarzt und hoffte, dort ein bißchen Ruhe zu finden, aber als ich ihn verließ, fühlte ich mich hilflos und nackt. Seitdem geht es immer schlechter. Ich versuche, eine Stunde nach der anderen zu überstehen, aber ich versinke in der Verzweiflung wie in einem See. Werde ich je wieder aufstehen und reden können? Ich bin nur noch ein Bündel voller Angst, und die Antidepressiva wirken nicht mehr.

*Rue Alphand, 23. Dezember*

Er legt mir seine Hand auf die Schulter; ich fange an zu weinen. Ich sehe sein Gesicht nahe dem meinen; er ist gar nicht mehr so jung; er tröstet mich, sagt mir, er werde mich »da schon herausholen«. Aber wann? Die Zeit vergeht, und ich werde immer schwächer. Ich habe Angst, meinen Verpflichtungen im Büro und Renaud gegenüber nicht mehr nachzukommen. Wenn Pierre und Renaud nicht wären, hätte ich mich schon seit langem umgebracht.

Gestern habe ich versucht zu beten... Ich erinnerte mich nicht mehr an die Worte... »Vater unser...«, »Gegrüßet seist du, Maria...« Wenn mir doch jemand helfen würde, daß ich nicht wieder in dieses schwarze Loch ohne Boden, ohne Hoffnung falle.

Außerdem rückt Weihnachten näher, mit allem, was das an Traurigkeit, Einsamkeitsgefühl und schmerzlichen Erinnerungen mit sich bringt. Wir waren arm, wie das ganze Dorf, aber wir fühlten uns gezwungen, unsere materiellen Schwierigkeiten sorgfältig zu verstecken. Das isolierte uns von den anderen. Für unsere Mutter war Armut etwas, dessen man sich schämen mußte, und in dieser Einstellung lebten wir.

Monique schaut herein und zwingt mich zu essen. Es ist wahr, ich habe vergessen, mir heute mittag etwas zu machen. Ich bemühe mich, gehorsam zu essen, was sie mir aus der Küche gebracht hat.

*Malakoff, 29. Dezember*

Ich kann kaum mehr als einen Satz in einem Zug schreiben. Ein trauriges Weihnachtsfest: Annie, meine Schwester, André und Cathérine sind gekommen. Um zehn Uhr lagen wir bereits im Bett. Renaud behauptete, müde zu sein, aber als ich ihn ins Bett brachte, flüsterte er mir ins Ohr:

»Dann wird es viel rascher morgen... Und ich krieg' meine Geschenke.«

Ich fühle mich wie aus Watte; eine undurchsichtige Wand trennt mich von den anderen.

*Dienstag, 2. Januar*
Ich war wieder bei Sachs, der mir ein anderes Medikament verschrieben hat. Ich habe den ganzen Tag lang geschlafen. Renaud war im Zoo. Es fällt mir schwer, mir seine Energie, seine Freude am Leben vorzustellen, während ich am liebsten sterben möchte.

*Malakoff, 5. Januar*
Ich bin zwar noch nicht in Hochform, aber es geht mir besser. Draußen ist es kalt; ich lege zusammengerollte Decken vor die schlecht schließenden Fenster. Die Angst bleibt noch immer.

*Rue Alphand, 9. Januar*
Ich zeige Sachs meinen Regenschirm, den eine feine Eisschicht überzieht.
Am Abend finde ich einen Augenblick des heißersehnten Friedens, den nur die Angst vor dem morgigen Tag etwas trübt. Es ist kalt draußen, sehr kalt, es schneit, und die Straßen sind glatt. Ich denke an meine Mutter, die in ihrem Dorf mitten im Wald völlig isoliert ist; wenigstens am Telefon können wir miteinander reden. Jeden Winter höre ich von ihr, daß einer im Dorf gestorben ist; das bedeutet ein Haus mehr, dessen Fensterläden endgültig geschlossen werden.

*Malakoff, 10. Januar*
Ich habe mich heute mit Renaud in die Haare gekriegt: Er langweilt sich, will aber auch nicht mit mir hinausgehen, als ich es ihm vorschlage. Übrigens regnet es in Strömen. Der Tag kommt mir endlos vor; ich habe ständig den Wunsch, mich hinzulegen, einen Berg von Decken um mich zu häufen.

*14. Januar*
Monique lädt mich ein, mit ihr Tee zu trinken. Ich lehne ab: Ich habe nicht einmal mehr den Mut, über die Straße zu gehen.

*Neuilly, 15. Januar*
Ich suche Robert auf. Er spielt den Arzt, mißt den Blutdruck, hört mich ab, zeigt sich besorgt über meinen physischen Erschöpfungszustand. Ich möchte am liebsten weinen; ich bin zu keiner Bewegung fähig. Er setzt sich wieder an seinen Schreibtisch, um ein Rezept zu schreiben. Mir ist ganz traurig zumute, als ich von ihm fortgehe. Ich habe diesen Mann einmal geliebt. In meiner früheren depressiven Phase hat er mich behandelt und mir beigestanden. Ich bewunderte ihn, und dadurch wirkten auch die Medikamente viel besser. Heute hat er für mich sein ganzes »Prestige« verloren, seine Anziehungskraft: Ich sah in ihm einen starken Mann, fähig, mich zu beschützen, aber im Lauf der Jahre entdeckte ich in ihm den empfindsamen, an seinen beruflichen Fähigkeiten zweifelnden und in seiner Ehe unglücklichen Mann, der nicht einmal den Wunsch hatte, sein Leben wirklich zu ändern. Er enttäuscht mich.

*Malakoff, 9. Januar*
Ein endloser Tag im Büro, aber die Aussicht auf das Wochenende ist auch nicht viel erfreulicher. Ich spüre, wie meine Depression langsam meine Umgebung belastet: Ich habe zu nichts mehr Lust, ich schleppe mich nur noch von einem Ort zum anderen. Alles fällt mir schwer, und ich nehme an nichts mehr Anteil.
Meine Stunde bei Sachs ist langweilig; er schwätzt, als wolle er die Zeit totschlagen. Ich merke mir nichts von dem, was er sagt. Nur eines weiß ich: Ich will eine Therapiestunde, die nicht endet. Auf der Straße sieht eine Frau mich aufmerksam an. Nach ein paar Schritten drehe ich mich noch einmal um: Ich habe das Gefühl, daß sie eine Patientin von Sachs ist. Übrigens sehe ich sie jetzt auch an einer Tür klingeln, die wahrscheinlich die seine ist. Es fällt mir schwer, eine Beziehung zu akzeptieren, die sich darauf reduziert, nur eine Patientin unter anderen zu sein. Ich möchte die einzige sein, die zu Sachs geht.

*Malakoff, 22. Januar*

Es ist vielleicht voreilig zu behaupten, daß es mir bessergeht. Vielleicht habe ich nur ein Medikament gefunden, das bei mir besser wirkt. Die Tabletten, die ich jetzt nehme, lindern meine Angst, machen mich aber nicht so müde. Es ist noch nicht vollkommen, aber…

Ein verregnetes Wochenende. Am liebsten komme ich nach Hause und verkrieche mich in meinem Zimmer. Ich genieße den Abend nach einem anstrengenden Tag. Von Freud lese ich gerade »Die Traumdeutung«. Ich versuche, wenn ich aufwache, mich an meine Träume zu erinnern, aber sosehr ich mich auch bemühe, es gelingt mir nicht.

Renaud geht es besser. Offenbar nützen die Stunden bei der Kinderpsychologin doch etwas. Er nervt mich nicht mehr mit seinen ständigen Forderungen, vielleicht auch deshalb, weil ich mich nicht mehr gezwungen fühle, ihm nachzugeben, weil ich nicht mehr auf seine Launen eingehe. Ich glaube, ich werde es schaffen.

Ich rufe Claudine an. Ihr zurückgezogenes Leben fasziniert mich: Ihre Einsamkeit belastet sie nicht, sie fühlt sich wohl bei sich zu Haus am Wochenende, in ihrem frisch renovierten Appartement. Man kann also leben, ohne jemanden zu lieben, und nicht darunter leiden? Was mich betrifft, so bezweifle ich das.

*Malakoff, 25. Januar*

Ich hole Renaud am frühen Nachmittag ab, weil seine Lehrerin krank ist. Als wir nach Hause kommen, erklärt er mir, es gebe eine Vertretung und er hätte in der Schule bleiben müssen. Er schimpft, schreit, stampft mit den Füßen, weint, weil ihm eine Rakete, die er bastelt, nicht gelingt, wirft mir vor, ich sei »böse«. Ich bin sehr unglücklich.

Nach und nach wird es dämmerig in der Wohnung. Ich beruhige mich etwas, mache das Licht an, lasse die Rolläden herunter. Ich gehe früh schlafen; der Morgen wird mich nur allzu rasch einholen mit seinen Anforderungen, seinen Ängsten. Woher kommt nur mein Wunsch, mich zu vergraben? Ich weiß doch genau, daß das kein Leben sein kann.

Sachs interessiert mich nicht mehr. Ich bin nur noch eine einzige Klage und die Beschreibung meiner Qual. Wo soll das bloß hinführen?

*Rue Alphand, 26. Januar*
Heute morgen erzähle ich Sachs meinen Traum: Ich konnte mich nicht mehr an seine neue Adresse erinnern. Wahrscheinlich war sein bevorstehender Umzug der Anlaß für diesen Traum. Ich sage ihm, daß unsere Beziehung für mich eine Last geworden ist. Ich habe keinerlei Lust mehr, ihn zu sehen.

*Malakoff, 30. Januar*
Ich singe überhaupt nicht mehr. Wo sind meine Jugend und meine übermütigen Hoffnungen geblieben? Wie weit entfernt sie ist, diese Kindheit auf den blühenden Wiesen, auf den winterlichen Feldern. Das Eis unter unseren Schuhen knirschte, wenn wir zu rutschen versuchten...

*Malakoff, 6. Februar*
Ich komme aus dem Büro: Die Betten sind nicht gemacht, ich esse eine Tafel Schokolade und lege mich auf das zerdrückte Laken. Tausend Bilder kommen mir in den Sinn: der Selbstmord der Großmutter, die Selbstmorddrohungen meiner Mutter. Diese Erinnerungen hindern mich daran, Schlaf zu finden.
Ich muß die Koffer für unseren Aufenthalt in Les Corbiers packen. Ich habe überhaupt keine Lust, wegzufahren. Annie, meine Schwester, kommt morgen: Angesichts ihrer Energie wird mir meine Lustlosigkeit besonders deutlich werden.
Ich denke an das, was Sachs zu mir während der letzten Stunde in der Rue Alphand gesagt hat: »Renaud tyrannisiert Sie genauso wie Ihre Mutter. Sie haben Angst, daß Ihr Mann ebenso wie Ihr Vater zum Trinker wird.«

*Les Corbiers, 8. Februar*
Ich betrachte die verschneiten Berggipfel in der Sonne. Der nahende Frühling tut mir gut. Vielleicht bekomme ich Lust zu wandern.

*Les Corbiers, 10. Februar*
Nach dem Mittagessen gehe ich gern allein den kleinen Weg entlang, der durch den Tannenwald führt. Auf halbem Weg setze ich mich auf einen Baumstamm, der nicht ganz unter dem Schnee begraben ist, und in dieser Stille, mit dem Blick auf den verschneiten, sonnenbeschienenen Hügel, fühle ich mich wohl. Ich warte auf Annie, die nachkommen will; wir gehen dann zusammen bis zu dem Chalet, in dem unsere Männer sich mit uns zum Kaffee verabredet haben.
Ich höre über mir das Knirschen der Skier auf dem Schnee, aber ich sehe die Skifahrer nicht, denn die Piste führt um den kleinen Abhang herum, dem ich den Rücken zuwende. Ich sitze ganz still, und manchmal kann ich beobachten, wie ganz in der Nähe die Eichhörnchen von Zweig zu Zweig hüpfen. Die Raben sind da schon mißtrauischer; ich kann sie nur durch das Fernglas sehen.

*Rue Buffon, 20. Februar*
Ich nehme einen anderen Weg, um zu Sachs zu gehen; dabei verlaufe ich mich und komme völlig erschöpft und atemlos bei ihm an. Ich bin voller Abwehr und Feindseligkeit und antworte nicht auf seine Fragen. Sein neues Haus ist häßlich, modern und unpersönlich. Die Tapete in seinem Büro finde ich abscheulich: eine grüne Wildnis. Wie kann man nur den ganzen Tag lang in solch einem Dschungel leben!
Mir fällt immer wieder ein Satz aus meiner Kindheit ein: »Ich habe die Nase voll.«

*Malakoff, 21. Februar*
Renauds so gefürchteter schulfreier Tag, an dem ich mit ihm allein bin. Nervös ziehe ich ihn an den Haaren – er will nicht aufstehen, will nicht in den Buchclub gehen. Ich verliere die Geduld und bereue es gleich darauf.

*Malakoff, 26. Februar*
Die ersten Sonnenstrahlen, es ist fast Frühling. Ich fange wieder an zu leben... Meine Haare sind fettig, und ich nehme ein Teershampoo dagegen. Ich liebe diesen starken Geruch, der mich an eine Salbe erinnert, mit der sich meine Schwester die Achseln einschmierte, um ein hartnäckiges Ekzem zu behandeln. Ich hole Renaud ab, um ihn zur Beratungsstelle zu begleiten. Unterwegs bleibt er interessiert vor einem Kinoplakat stehen, auf dem ein maskierter Mann mit einer Tasche voller Geldscheine aus einer Bank rennt. Er ruft:
»Mama, sieh doch, ein Kohleräuber!«
Ich bin überrascht: Vor ein paar Tagen hat er das Wort »Kohle« aufgeschnappt und es sofort in seinen Wortschatz aufgenommen.

*Rue Buffon, 28. Februar*
Eine schwierige Stunde. Sachs sagt zu mir:
»Sie sind das Messer und die Wunde.«
Er lehnt sich in seinem Sessel zurück, die Beine ausgestreckt, die Füße auf einem Hocker, die Stirn auf die Hände gestützt. Sein Haar ist feucht. Ich möchte am liebsten wieder gehen; ich bin voller Angst und hasse ihn. Die Stunde muß gleich zu Ende sein; ich werfe einen Blick auf meine Tasche. Er wundert sich über mein sicheres Zeitgefühl und steht auf; sein Gesicht ist ganz nahe an dem meinen. Er lächelt, fragt mich, warum ich ihn nicht angerufen habe, als es mir am Wochenende so schlecht ging. Ich erwidere:
»Wozu? Entweder geht es mir schlecht, und Sie sind für mich wie ausgelöscht, oder ich erinnere mich an Ihre Existenz, dann geht es mir aber gar nicht so schlecht, und ich brauche Sie nicht anzurufen.«

*Rue Buffon, 2. März*
Es läuft gar nicht gut. Sachs sagt zu mir:
»Sie hassen mich, weil Sie mich lieben.«

*Malakoff, 3. März*

Pierre ist fortgegangen, um einzukaufen; Renaud hat sich nach dem üblichen Lamentieren auf den Schulweg gemacht. Heute war es besonders schlimm, wahrscheinlich, weil Samstag ist und ich noch nicht aufgestanden bin.

Ich möchte zu Sachs sagen: »Erleichtern Sie mir diese Beziehung. Sagen Sie mir, daß es nicht schlimm ist, Sie zu lieben. Helfen Sie mir dabei, diese Beziehung zu akzeptieren, ohne Angst vor einer möglichen Enttäuschung zu haben. Ich hasse Sie, weil Sie mich nicht lieben.«

In seinen Armen einschlafen. Unbeweglichkeit des Augenblicks; ein Kind von ihm bekommen.

Mich daran erinnern, daß es Sachs gibt, daß ich das Glück habe, ihn zweimal in der Woche fünfundvierzig Minuten lang für mich zu haben. Das Glück? Es ist nicht gratis, dieses Glück...

Gibt es ein Mittel, die Therapiestunden rasch abzuschütteln? Selbständig zu leben und dadurch weniger zu leiden?

Jedesmal empfinde ich schmerzlich meine Einsamkeit, wenn meine Gefühle an der gelassenen Gleichgültigkeit dieses unverwundbaren, unangreifbaren und unberührbaren Mannes abprallen.

*Malakoff, 8. März*

Ich setze mich auf den Balkon in die Sonne und schließe die Augen. Renaud erzählt mir von der Schule: Sie arbeiten gerade an einem Comic zu dem Thema »Was alles passiert, wenn man ins Schwimmbad geht...«

Pierre ist sauer. Am Samstag abend hatten wir Nicole und José zum Wildschweinessen eingeladen. Nachdem sie weg waren, habe ich ihn darauf aufmerksam gemacht, daß sie zu dritt zwei Flaschen Wein ausgetrunken haben und ich das etwas übertrieben finde, vor allem, weil Nicole kaum an ihrem Glas genippt hat. Er war sehr verärgert über meine Bemerkung und meinte, dann würden wir eben niemanden mehr einladen. Ich erwiderte sanft, daß ich als Kind sehr unter der Trunksucht meines Vaters gelitten und deshalb große Angst habe. Seither schweigt er hartnäckig.

Renaud fragt mich plötzlich mit seiner unschuldigen Kinderstimme:
»Hast du dich schon einmal scheiden lassen, Mama?«

*Malakoff, 11. März*
Das Wochenende war besonders schwierig. Pierre redet nicht mehr mit mir, trinkt keinen Tropfen Wein mehr und ißt übrigens auch keinen Käse mehr. Claudine will ihren 40. Geburtstag mit Gänseleberpastete und Champagner begehen. Sie hat mich gefragt, ob sie nicht bei uns feiern könnte. Als ich mit Pierre darüber sprach, entgegnete er, dann käme er entweder nicht nach Hause oder ginge ins Bett. Claudine verzichtete daraufhin auf ihren Plan um des lieben Friedens willen. Es tut mir so leid für sie.
Ich denke an Sachs, der mich nicht versteht, der mich allein läßt.

*Montag, 12. März*
Heute morgen mußte ich zur amtsärztlichen Untersuchung gehen. Diesmal war ich auf der Hut, antwortete nur das Nötigste. An den Fragen, die der Arzt mir stellte, merkte ich, daß er nichts begriffen hat. Immerhin – die Kasse übernimmt die Kosten für ein Jahr.

*Malakoff, 13. März*
Ich bin schrecklich wütend auf Sachs, am liebsten möchte ich ihn loswerden. Nach den Therapiestunden fühle ich mich schutzlos, bin voller Bitterkeit. Die ganze Zeit lang mache ich mir etwas vor: Ich will von ihm geliebt werden, aber wenn ich bei ihm bin, sage ich nichts. »Sie hassen mich, weil Sie mich lieben.« Welch eine Erkenntnis!
Ich möchte ihn umbringen, ich möchte ihn mit meinen Tränen erweichen, mich selbst umbringen, um ihn zu quälen. Ich weine vor Wut und Verzweiflung; ich leide. Nächste Woche geht er in Urlaub, und diese Trennung schmerzt mich.
Die Abende mit Pierre sind mühsam; er hüllt sich in feindseliges Schweigen. Ich spüre, daß ich erneut depressiv werde, ich habe Angst. Renaud ist unruhig. Sein Spielkamerad Paul

wollte ihn abholen, aber er hatte keine Lust, mit ihm zu gehen. Seit mindestens drei Stunden sieht er fern.

*Malakoff, 14. März*
Renaud will sich nicht waschen, sich nicht anziehen... Ich verliere die Geduld und haue ihm eine runter. Jetzt nervt er mich mit seinen ständigen Fragen:
»Und jetzt« – er hat sich die Zähne geputzt –, »was soll ich jetzt tun?«
Ich sage es ihm noch einmal, und endlich ist er gewaschen und angezogen. Ich bedaure meine Aggressivität. Um mich abzureagieren, wasche ich das Geschirr, wische ich in der Küche und im Badezimmer auf. Ich schicke Renaud in den Buchclub und versichere ihm: »Ja, ich winke dir vom Fenster aus zu, wenn du durch den Garten gehst, ja, ich warte auf dich zu Hause.«

*Rue Buffon, 16. März*
Auf der Straße und auf den geparkten Autos liegt Schnee. Ich komme total durchnäßt bei Sachs an. Er wird eine Woche lang fort sein, und ich sage ihm, wie sehr seine Abwesenheit mich ängstigt. Ich gebe zu, daß ich ihn liebe. Ja, ich wage sogar zu sagen, daß ich auf seine Frau eifersüchtig bin.
»Sie leiden darunter, daß ich mich einer anderen Frau zuwende.«
»Ja, das ist es: Es schmerzt mich, daß Sie mit einer anderen fortfahren.«
»Aber was würden Sie denken, wenn ich jetzt sagte: ›Joëlle, ich bleibe hier.‹ Wäre das nicht beängstigend für Sie?«
»Das ist wahr, ich würde mir sagen: ›Er hat den Verstand verloren.‹«
Ich erzähle ihm auch von Pierre und seinem Schweigen. Er entgegnet:
»Sie sollten ihm in einem ruhigen Augenblick vorschlagen, einen Analytiker aufzusuchen. In ein paar Jahren wird es zu spät sein.«
Aber wie soll ich Pierre das beibringen?
Am Ende der Stunde sagt Sachs zu mir beruhigend:

»Ich habe nicht vor zu sterben, ich komme bestimmt wieder! Sehen Sie, jetzt lächeln Sie.«

Ich trete auf meinen langen Rock, als ich aufstehe. Er scherzt:

»Vorsicht vor einem falschen Schritt!«

Ich wünsche ihm schöne Urlaubstage und verlasse ihn. Als ich auf der Straße stehe, spüre ich, wie hilflos, unsicher und verloren ich bin. Dieser Mann ist ein Zauberer, aber von der gefährlichen Art.

*Montparnasse, 19. März*

Bernard setzt sich neben mich und wartet darauf, daß ich mit dem Essen fertig bin. Jean-Pierre schiebt einen Stuhl heran, nimmt sich ein paar Pommes frites von meinem Teller und macht mir ein Kompliment wegen meiner hübschen blauen gefütterten Weste. Von Männern umgeben zu sein, von ihnen anerkannt zu werden – ist das für mich endgültig vorbei?

*Malakoff, 22. März*

Die Tage vergehen, qualvoll oder monoton.

Ich muß Renaud überreden, allein in den Buchclub zu gehen. Währenddessen will ich im Supermarkt einkaufen. Er zögert; ich bleibe hart. Unten auf der Straße geht jeder seiner Wege, aber schon ein paar Minuten später kommt er mir nachgerannt. Ich möchte ihn am liebsten wegstoßen, ihn schlagen. Er folgt mir, macht sich aber Sorgen, weil er jetzt seine Bücher nicht zurückgeben kann. Also begleite ich ihn bis zur Tür des Buchclubs. Er winkt mir noch einmal zu, bevor er hinter den Regalen verschwindet.

Nichts hat sich geändert. Pierre ist schweigsamer denn je, und die Abende dehnen sich. Ich lese das »Tagebuch« von Anaïs Nin weiter, und dann beginne ich mit Arnaud Desjardins' »Weg des Wissens«.

*Malakoff, Mittwoch, 28. März*

Ich schleppe Renaud zum Buchclub. Gleich darauf kommt er wieder heraus und brüllt: »Mama!«

Drei Stunden vor dem Fernseher; ich schlage ihm vor, unten

auf der Allee Rollschuh zu fahren, aber er besteht darauf, daß ich ihn begleite. Wenn ich Anstalten mache, wieder hinaufzugehen, folgt er mir. Es reicht ihm nicht, daß ich ihm verspreche, jedesmal, wenn er mich ruft, auf den Balkon hinauszugehen.
Heute fühle ich mich so schlecht, daß ich vor Erschöpfung weine; ich möchte am liebsten sterben.

*Rue Buffon, 3. April*
Ich setze mich; mir ist schwindelig. Es ist noch dunkel im Raum; ich bleibe stumm und starre ihn an, ohne ihn zu sehen. Was habe ich hier überhaupt zu suchen? Ich sage ihm, daß ich mich umbringen möchte, und höre nicht, was er mir antwortet. Ich sage ihm, daß ich ihn hasse, wiederhole immer wieder die gleichen Worte, etwas anderes fällt mir nicht ein.

*Rue Buffon, 6. April*
Sylvie lädt mich in die Normandie ein; ich suche verzweifelt nach Gründen, um ihre Einladung abzulehnen, denn ich habe nicht den Mut, ihr rundheraus zu sagen, daß ich lieber zu Hause bleibe. Ich rede darüber mit Sachs und beschwöre ihn weinend:
»Nehmen Sie mich in Ihren Arm!«
Er steht auf, geht auf mich zu, legt seine Arme um mich und hält mich fest, zwingt mich aber, ihn anzusehen.
»Fahren Sie in die Normandie, bleiben Sie nicht allein.«
Ich verlasse ihn sehr viel ruhiger.

*Les Andelys, Sonntag, 8. April*
Sylvie ist bei mir; wir laufen auf einem Weg oberhalb der Seine, die hier breit und ruhig dahinfließt. Schiffe fahren lautlos vorüber. Mokbar und Namah, die seit ihrer Schwangerschaft dick geworden und mehr Mutter als Frau ist, sind noch dabei. Sie fahren mit mir im Zug zurück. In unserem Waggon sitzt mir gegenüber ein junger, gutaussehender Mann mit kurzem Haar. Eine Weile sehe ich weg, dann betrachte ich ihn eingehend. Ich begegne seinen Blicken und halte sie so lange fest, bis er von selbst den Kopf abwendet. Ich beobachte ihn

noch einige Male ohne Scheu. Er ist etwa zwanzig Jahre alt, trägt einen khakifarbenen Regenmantel. Mag sein, daß er seinen Wehrdienst leistet. Ob er wohl zu mir kommen würde?
Namah gibt mir einen Apfel, damit ich meine Tablette nehmen kann.

*Rue Buffon, 10. April*
Als ich bei Sachs ankomme, bin ich erschöpft. Das Telefon läutet, er will den Anruf zu seiner Freundin umstellen, aber sie antwortet nicht; er geht kurz hinaus. Als er zurückkommt, fragt er mich, was ich während dieser Unterbrechung gedacht habe.
»Ich habe gedacht, sie sei tot.«
»Sie wünschen sich, daß sie tot ist.«
Ich ertrage seine Worte nicht und entgegne, nicht sehr überzeugend:
»Soweit ich weiß, war ich nicht in meinen Vater verliebt und habe auch nicht den Tod meiner Mutter gewünscht.«
Mir ist fast zum Lachen zumute, während ich ihm diese nicht ganz logische Antwort gebe.
»Das habe ich nicht behauptet«, erwidert er.
Ich sehe ihn an und gestehe ihm, daß ich ihn anziehend finde. Er lächelt gewinnend, geht auf mich zu, aber in dem Moment entdecke ich einen Unbekannten, einen »Fremden«.
»Sie sehen von weitem aus wie ein junger Mann, zumindest wenn man kurzsichtig ist wie ich, aber… wenn man näher hinschaut, entdeckt man die Falten in Ihrem Gesicht…«

*Les Prades, 4. Mai*
Die Landschaft, die die letzten Spuren des Winters abschüttelt, läßt mich kalt. Ein langweiliger Tag. Ich bin bis elf Uhr warm eingekuschelt im Bett geblieben. Ich lese Ranks »Der Wille zum Glück«. Ich verstehe kaum etwas, aber ich arbeite mich bis zur letzten Seite durch. Ich denke an Sachs und gebe mich erotischen Träumereien hin, bis mir die Tränen kommen: Ich fühle mich so allein, so unbefriedigt.

*Rue Buffon, 8. Mai*
Ich weiß nicht, was ich Sachs sagen soll, also erzähle ich ihm, wie sehr ich mich vor den Ferien bei meiner Mutter fürchte, deren Anwesenheit ständig zu Spannungen führt.
»Sie ist total neurotisch!«
Plötzlich höre ich mich selbst sagen:
»Ich möchte ein Kind von Ihnen haben oder vielmehr von Ihnen schwanger sein...«
»Sie möchten ständig meinen Schwanz in sich fühlen.«
»Vielleicht... aber ich möchte auch... daß Sie mich... anders ansehen.«
Ich erinnere ihn daran, wie er sich ständig mit Schwierigkeiten herausredete, als ich die Therapie bei ihm unterbrechen wollte, welche Mühe er sich gab, um mich zu »behalten«. Er widerspricht. Ich werde aggressiv. Die Stunde ist zu Ende. Ich stehe unsicher auf, nehme meine Jacke vom Sofa, drehe mich um und gehe einen Schritt auf ihn zu. Er nimmt mich in seine Arme, ich lehne mich an ihn, er zieht mich fester zu sich heran.
Ich murmele:
»Nur ein wenig... ein paar Sekunden voller Glück... Danke.«
Ich mache mich los und gehe, getröstet und ruhig.

*Rue Buffon, 11. Mai*
Ich liege auf der Couch und beschreibe ihm, was ich empfinde: Ich bin voller Vertrauen, vollkommen entspannt, ich warte.
Er steht schweigend hinter mir. Ich habe keine Angst mehr, es ist eine einfache Therapiestunde. Ich erzähle von meinem Traum in der vergangenen Nacht: Ein Ungeheuer kam auf mich zu, mit einem Knochenarm, an dem nur noch die Finger mit Fleisch bedeckt waren.
Plötzlich unterbreche ich mich und sage seufzend:
»Ach, wozu sage ich Ihnen das eigentlich?«
»Doch. Erzählen Sie weiter...«
»Darf ich zu Ihnen kommen? ... Mir ist so kalt... Ich möchte, daß Sie mich wärmen...«

»Warum nicht?«
Jetzt überfällt mich die Angst. Ich werfe ihm vor, mich zu provozieren: Er weiß genau, daß ich nicht zu ihm kommen kann. Voller Erbitterung sage ich:
»Sie haben gut reden.«
Er lächelt, steht auf. Die Stunde ist zu Ende; er geht auf mich zu. Ich sage ihm, wie mutlos ich bin, wie schwierig diese Beziehung für mich ist. Und plötzlich finde ich mich in seinen Armen wieder. Sein Gesicht ist ganz nahe an dem meinen. Ich streichle ihm die Wange, beuge mich vor, um ihn zu küssen, erstarre jedoch sofort, halte inne und murmele:
»Entschuldigen Sie.«
Er erwidert, völlig gelassen:
»Aber nein...«
Er reicht mir lächelnd die Hand und fügt leise hinzu:
»Bis Dienstag...«

*Rue Buffon, 15. Mai*
Ich beschreibe ihm einen Traum: Der Mörder meines Vaters lockt mich zu sich. Meine Mutter kommt hinzu, und der Mann verwandelt sich plötzlich: Er ähnelt Renaud oder meinem Bruder. Ich erzähle ihm von meinen erotischen Phantasien als Kind, wenn wir »Metzger« spielten, von unserem süßen Schauer, wenn wir auf dem Weg nach Bieffre am Schlachthaus des alten Diaulet vorbeikamen: die abgestochenen Kälber, das Blut, die mit Wasser abgespritzten Därme, der Tod, die Schreie der kleinen angeketteten Kälber, die man von ihrer Mutter trennte, die riesige Gestalt des Metzgers, seine polternde Stimme, mein Haß gegenüber diesem Schlächter, der einmal im Jahr auch zu uns kam, um unser fett gewordenes Schweinchen abzustechen.
»Warum sehen Sie auf Ihre Uhr?« fragt Sachs.
»Ich will nicht vom Ende der Stunde überrascht werden; es ist für mich zu qualvoll.«
Er steht auf; völlig verstört stürze ich mit solcher Heftigkeit auf ihn zu, daß er fast das Gleichgewicht verliert. Ich flehe ihn an, mich in den Arm zu nehmen. Er antwortet nicht, weicht mir aus. Ich küsse ihn, presse mich an ihn und flüstere:

»Es wird Ihnen nichts anderes übrigbleiben, als mich wegzustoßen...«
Ich rieche sein Rasierwasser, spüre sein hartes Glied an meinem Bauch. Als ich draußen auf der Straße stehe, bin ich wie betäubt, angewidert von mir selbst und fühle mich schuldig.
Mit zusammengepreßten Zähnen murmele ich und sehe dabei zu Boden:
»Am Freitag werde ich nicht kommen.«

*Les Prades, 26. Mai*
Ich hoffte auf ein sonniges Wochenende, und jetzt sind es nur Tage, die sich zäh dahinschleppen. Es regnet in Strömen. Die Zeit vergeht so langsam in diesem Haus voller Schutt und Staub. Pierre legt elektrische Leitungen; ich stricke vor dem Kamin. Abends rolle ich mich mit eiskalten Füßen im Bett zusammen. Ich muß ständig an meine letzte Therapiestunde denken: Ich habe mich wieder einmal an ihn gelehnt; diesmal hab' ich es gewagt, ihm zuzuflüstern:
»Küssen Sie mich.«
Und er erwiderte:
»Das ist doch sinnlos, in ein paar Minuten kommt der nächste...«
Und ich erwiderte listig:
»Schön. Dann werde ich Sie das nächste Mal zu Beginn der Stunde darum bitten.«
Als ich dicht vor ihm stand, fragte er mich:
»Warum haben Sie Angst?«
»Ich habe Angst, getäuscht zu werden.«
Ich verstehe seine Worte, sein Verhalten nicht; sie sind für mich ein Rätsel. Manchmal glaube ich, er ermuntert mich sogar, ihn zu berühren, mich ihm in die Arme zu werfen.

*Rue Buffon, 29. Mai*
Eine schwierige Stunde bei Sachs: Ich bin so müde, so voller Angst... Ich erzähle ihm von meinen Träumen. Er fordert mich nachdrücklich auf, mich zu entspannen, aber es gelingt mir nicht. Ich bitte ihn, mich in seine Arme zu nehmen. Er

steht auf, drückt mich sanft an sich und rät mir erneut, mich zu entspannen. Seine Hände streicheln meinen Rücken. Er scheint so selbstsicher, so überzeugt davon, kein Verlangen nach mir zu haben, daß er meine Taille an seinen Körper preßt, mich eng umschlungen hält.

*Malakoff, 31. Mai*
Als ich wieder zu Hause bin, setze ich mich aufs Sofa und versinke augenblicklich in einen schweren Schlaf; in meinen Träumen falle ich immer wieder in Brunnen ohne Boden. Ich habe zu nichts Lust. Ein einziger Wunsch beherrscht mich: in Sachs' Armen geborgen zu sein und zu schlafen. Ich möchte ihn jeden Tag sehen, in ihm versinken, von ihm gefüttert werden, nur noch für ihn dasein. Ich phantasiere.

*Rue Buffon, 2. Juni*
Mir ist ständig übel, aber ich erbreche mich nicht. Ich erzähle Sachs, daß ich heftiges Bauchweh habe. Ich beschreibe ihm auch meine Schwierigkeiten mit Renaud: seine Weigerung, in die Schule zu gehen, seine Angst, wenn ich mich im Gang von ihm verabschiede. Ich gebe offen zu, daß ich ihn manchmal hasse, ihn am liebsten los wäre; ich sage zu Sachs, daß ich mich für ihn schäme. Ich fange an zu weinen, erwähne meine Schwindelanfälle. Sachs kommt zu mir; ich soll aufstehen: Mit geschlossenen Augen und ausgestrecktem Arm fühlt er meinen Puls. Ich lehne mich leicht an seine Brust; er umschlingt mich sanft mit seinen Händen, seinen Armen, sagt mir, ich müsse Ruhe finden. Ich bleibe eine ganze Weile so stehen, ohne zu reden. Ich kann das Hochhaus gegenüber sehen, dessen Fenster ganz nahe und genau über dem Sprechzimmer sind. Ich sage zu Sachs, wie nervös es mich macht, daß sein Fenster keine Vorhänge hat. Er behauptet, man könne uns von dort aus nicht beobachten. Jedesmal, wenn ich ihn zurückschiebe, um ihn anzusehen, zieht er mich sofort wieder an sich, meint, ich müsse Vertrauen zu ihm haben. Er will offensichtlich seine Umarmung nicht lockern. Ich spüre seinen harten Schwanz an meinem Bauch. Schließlich mache ich mich doch von ihm los und sinke in den Sessel. Ich sage

ihm, daß ich am Ende meiner Kräfte bin. Er kommt zu mir, massiert mir die Schultern. Auf meine Frage antwortet er ohne Verlegenheit:
»Ja, ich gebe offen zu, daß ich Sie begehre... Sie sind eine hübsche junge Frau. Ich halte Sie in meinen Armen und finde Sie sehr anziehend...«
»Ich finde mich nicht hübsch.«
»Sie sind es aber.«
Das Ende der Stunde naht; ich glaube sogar, daß er mich etwas früher verabschiedet. Ich gebe ihm einen Kuß und frage ihn, ob ich ihm zu viel Probleme mache. Er verneint.
Am Nachmittag schlafe ich zwei Stunden, weil ich total erschöpft bin.

*Malakoff, 7. Juni*
Ich bringe Renaud in die Schule. Er weint:
»Mama... Ich will aber nicht...«
Er rennt wieder aus der Klasse heraus, und der Lehrer kommt ihm nach und holt ihn. Ich finde, es geht kaum besser mit ihm. Ich fühle mich ziemlich schlecht. Die Dame in der Kantine sagt zu mir:
»Dabei ist doch heut nicht Freitag!« (Freitags ißt er immer in der Kantine zu Mittag.)
Ich muß lange beim Friseur warten. Selbst Christophes Lächeln und sein Blick aus dunklen Augen können mich heute nicht aufheitern. Dabei ist er freundlich und sanft, gibt mir Ratschläge, wie ich mich kämmen soll. Plötzlich unterbricht er sich und sieht mich im Spiegel an:
»Geht's Ihnen heute nicht gut?«
Ich antworte nicht. Ich werde Renaud nach der Schule abholen. Sachs ist mir überhaupt keine Hilfe.

*Rue Buffon, 12. Juni*
Nach einer Woche Urlaub wartet er heute morgen mit einem Lächeln auf mich. Ich sage ihm, wie beunruhigt ich wegen Renaud bin. Er läßt den Rolladen herunter: Ein Arbeiter, sagt er, will nachher die Fenster streichen. Es wird dunkel im Zimmer; ich werde ängstlich. Gibt es diesen Maler wirklich?

Er setzt sich wieder in seinen Sessel; ich schweige verwirrt.
Endlich sage ich:
»Ich hasse Sie... Es ist so qualvoll, an Ihnen zu zweifeln! Es nutzt mir überhaupt nichts, zu Ihnen zu kommen... Ich will, daß Sie mich lieben, nicht, daß Sie mir helfen.«
»Sie kommen auch zu mir, damit ich Ihnen helfe; versuchen Sie, sich zu entspannen...«
»Ich möchte in Ihren Armen sein... Aber ich kann nicht, ich bin unfähig, mich zu rühren.«
Er steht auf, nimmt meine eiskalten Hände in die seinen, massiert mir den Nacken. Ich bleibe wie gelähmt sitzen. Er hilft mir aufzustehen, drückt mich an sich. Ich streichle ihm über das Haar und sage:
»Ich habe Angst, verlassen zu werden. Sie wollen diese Beziehung nicht. Irgendwann werden Sie mich hassen, und ich werde nur einen Wunsch haben: Sie umzubringen.«
Er entgegnet lächelnd:
»Entspannen Sie sich.«
Ich bitte ihn, mich zu küssen; er weicht aus. Genau das will er nicht:
»Nein, nicht so... Zwischen zwei Türen«, entgegnet er.
»Aber es wird nie anders sein als zwischen zwei Türen.«
Ich muß gehen, es ist Zeit. Ich sage ihm, wie schwer es mir fällt, jetzt ins Büro zu gehen, drehe mich seufzend um, und nehme meine Tasche. Er legt von hinten seine Arme um meine Taille, drückt sich an meinen Rücken, legt seine Hände auf meinen Bauch und hält mich fest. Als wir uns verabschieden, lächelt er mich verständnisinnig an und murmelt:
»Bis Freitag...«

*Rue Buffon, 14. Juni*
Heute morgen kommt es mir vor, als sähe ich ihn zum erstenmal wirklich. Ich habe kaum am Gartentor geläutet, da öffnet er auch schon die Tür und sieht mir entgegen, als ich über den Kiesweg laufe. Meine Schritte werden unsicher, aber die Freude, auf ihn zuzugehen, nimmt mir fast alle Angst. Er hat

das übliche »Guten Tag, Madame« endgültig aufgegeben; unsere Blicke begegnen sich, er reicht mir schweigend die Hand. Jedesmal ist dieser erste Blick wie ein Schock für mich. Heute kann ich ohne Schwierigkeit reden, aber was ich sage, erscheint mir völlig uninteressant. Mein Verlangen nach ihm wächst, und ich sage ihm das, füge aber hinzu:
»Sie sind ein verbotener Mann.«
»Warum?« fragt er.
Ich kann es ihm nicht sagen.
Vielleicht müßte ich ihm eines Tages erklären, daß er verboten ist, weil seine Freundin nebenan, im Bad, auf der Toilette allzu gegenwärtig ist; wenn sie den Hahn aufdreht, die Wasserspülung betätigt, werde ich unbarmherzig an sie erinnert. Ich stehe auf, gehe zu ihm, will mich ganz einfach neben ihn setzen. Er richtet sich auf und faßt mich um die Taille. Ich mache mich unsanft von ihm los und setze mich neben ihn auf das Sofa. Er streckt den Arm aus, streichelt meinen Nacken. Ich merke, daß er mit seinen Gedanken woanders ist; er schaut mehrmals auf die Uhr. Ich weiß, es sind noch ein paar Minuten bis zum Ende der Stunde, aber er bittet mich zu gehen.
»Noch nicht...« (Ich fange an zu weinen.)
»Ich muß dringend telefonieren. Kommen Sie Dienstag zehn Minuten früher...«
Ich habe Mühe aufzustehen, greife nach meiner Tasche. Er geht auf mich zu, umarmt mich. Seine Freundin ist im Zimmer nebenan; er zögert einen Augenblick, bevor er mich hinausbegleitet; ich habe Angst, ihr auf der Treppe zu begegnen.

*Malakoff, 17. Juni*
Gestern abend bat Renaud mich, als er nach Hause kam, mit geheimnisvoller Miene um die Schlüssel für den Fahrradkeller. Irgend etwas geht vor sich; ich sehe das an seinem verschmitzten Lächeln. Er ruft vom Garten aus nach mir. Ich gehe hinaus auf den Balkon; unterdessen redet er mit seinem Vater, den ich nicht sehe:
»Doch, doch... Zeig es Mama ruhig!« Pierre taucht noch im-

mer nicht auf; aber ich habe verstanden: Er hat sich gerade ein neues Fahrrad gekauft, um das zu ersetzen, das man ihm kürzlich im Keller geklaut hat. Ich sage zu Renaud:
»Besser, dein Vater stellt es woanders hin, sonst ist es in zwei Tagen wieder weg...«

*Rue Buffon, 19. Juni*
Ich bin etwas zu spät gekommen; die Metro war mir gerade davongefahren. Sachs erinnert mich gleich als erstes:
»Haben Sie vergessen, daß ich Sie früher erwartet habe?«
»Nein, ich wollte Ihre zehn ›geschenkten‹ Minuten nicht.«
»Warum nicht?«
Ich erkläre ihm, wie wichtig bei seinen Stunden die Zeit ist und wie sehr ich mich über seine »Genauigkeit« wundere. Bei der »anderen« Analytikerin hätte ich nie genau gewußt, wie lang ihre Stunden dauerten – ich spiele dabei auf meine erste Analyse an.
»Die andere Analytikerin?... Sie erwähnen sie zum erstenmal.«
»...«
Ich wechsele das Thema und sage ihm, daß ich mich gegenüber seiner Freundin schuldig fühle.
»Warum denn? Hätte ich mich nicht darauf einlassen wollen, wäre ich ja wohl Manns genug gewesen, es offen zu sagen.«
»Nein. Ich glaube eher, Sie wollten mir nicht weh tun...«
»Schön, lassen wir es dabei...« Er geht entschlossen zur Tür und geleitet mich hinaus.
Ich fühle mich entsetzlich frustriert. Die Hände in den Taschen meines Anoraks vergraben, gehe ich die Treppe hinunter. Als ich draußen auf der Straße stehe, überkommt mich das heulende Elend. Ich brauchte so sehr eine kleine »Streicheleinheit«, und er hat sie mir verweigert.

*Rue Buffon, 22. Juni*
Als ich aus der Metro komme, um zu Sachs zu gehen, begegnet mir ein Mann, dessen Gesicht mir bekannt vorkommt. Ich schaue genauer hin – er sieht mich nicht: Es ist Claudines Bruder, der gerade die Treppe hinuntergeht.

Ich habe Magenschmerzen und nehme mir vor, mich gleich zu Anfang der Stunde Sachs in die Arme zu werfen. Er drückt mich zärtlich an sich, preßt die Hand auf mein Zwerchfell, das besonders weh tut. Ich lege meine Tasche auf den Stuhl, ohne mich aus seinen Armen zu befreien, setze mich dann auf die Couch; erst nach einer Weile lege ich mich hin. Als sei es das Natürlichste von der Welt, folgt er meinem Beispiel, streichelt mir eine Brust, zieht mich an sich, streckt seinen Arm aus und führt meine Hand zu seinem harten Schwanz. Ich streichle ihn durch die Hose; er schließt die Augen. Ich gebe ihm zu verstehen, daß ich sein Verhalten nicht ganz verstehe. Er wendet leicht den Kopf ab, als ich mich über seine Lippen beuge, ich sage ihm, wie sehr ich mich danach sehne, ihn zu küssen. Ich wandere mit meinen Lippen über seine Brust. Er trägt ein beiges Polohemd aus Baumwolle. Heute riecht er nicht nach seinem gewohnten Rasierwasser. Er zieht meinen Nacken sanft zu seinem Glied hin. Ich denke an die lange Fensterfront gegenüber seinem Sprechzimmer und sage:
»Nein... Ich will nicht...!« Er zieht sein Polohemd etwas hoch, hält den Atem an. Ich greife mit meiner Hand in seinen Hosenbund und berühre seinen feuchten, klopfenden Schwanz. Er liegt da, mit geschlossenen Augen und angespannten Muskeln.

Ich frage mich, was ich eigentlich hier mache, neben diesem Mann mit steifem Glied. Ich verstehe nicht genau, was er sagt. Mit erhobener Hand schwört er mir, sein erstes Ziel sei, mir zu helfen, fragt mich, ob es nicht besser sei, daß die Dinge zwischen uns klar sind... Ich weiß nicht, was er damit sagen will. Seine Hand greift in den Ausschnitt meines T-Shirts; er streichelt mir eine Brustwarze; ich stöhne – vielleicht ein bißchen zu laut, verglichen mit dem, was ich wirklich empfinde. Seine Freundin macht sich im Zimmer nebenan zu schaffen. Er scheint jetzt übrigens auch nicht mehr ganz unbefangen zu sein...

Wie will er sein Verhalten als Liebhaber und seine Rolle als Therapeut miteinander vereinbaren? Er erwidert, er kenne sich genau, er sei fähig, neutral zu bleiben. Er spricht ganz ernsthaft über unsere Situation, beteuert noch einmal, er

wolle mir helfen. Er raucht jetzt ohne Hast eine Zigarette, wiederholt:
»Sie sind doch erst vierzig Jahre alt, ich will Ihnen helfen. Warum glauben Sie bloß immer, Sie seien reif für den Sarg?«
Wenn ich darüber nachdenke, ist mir dieser Satz nicht ganz geheuer: Er könnte auch bedeuten: »Sie sind noch zu gebrauchen.«

*Dienstag, 26. Juni*
Ich habe noch immer den Wunsch, ihm zu gefallen. Heute trage ich den khakifarbenen Rock, den ich Samstag gekauft habe. Selbst Pierre ist er aufgefallen; ich fühle mich ein bißchen schuldig. Damit es nicht aussieht, als hätte ich mich extra schön gemacht, verzichte ich darauf, meine Haare zu waschen, die schon ziemlich fettig sind.
Gleich zu Anfang setze ich mich, ohne zu zögern, in den »Besuchersessel«. Ich erzähle von meinem Büro, meiner Unfähigkeit zu arbeiten. Er sagt, die Maler würden gleich kommen, macht das Licht an, bittet mich, aufzustehen, damit er den Rolladen herunterlassen kann, und murmelt so etwas wie: »Diese Arbeiten nehmen einfach kein Ende...« Ich stehe ihm gegenüber und bin etwas verwirrt. Er fragt mich, was ich habe: Ich antworte nicht. Ich erzähle ihm von Renaud, daß ich bei Madame C... von der Kinderberatungsstelle vorstellig geworden bin; sie hat jedoch ein Gespräch unter vier Augen abgelehnt. Ich weine die ganze Zeit, weil ich das Gefühl habe, eine schlechte Mutter zu sein. Warum ich? Hat Pierre nicht die gleiche Verantwortung wie ich?
Plötzlich überkommt mich ein Zweifel. Ich argwöhne, daß seine Geschichte mit den Malerarbeiten frei erfunden ist, und nenne ihn ein »Arschloch«. Er erwidert:
»Schön, zugegeben, na und?«
»...«
»Arschloch... Weil Sie mich begehren?«
Ich zögere:
»Nein... Das heißt... ja, aber das ist nicht alles...«
Er steht auf; ich habe Mühe, mich von meinem Sessel zu erhe-

ben. Ich sehe ihn an; er rührt sich nicht vom Fleck. Ich lehne mich einen Augenblick an ihn. Mit den Armen drücke ich meine Tasche an mich, um zwischen unseren beiden Körpern Abstand zu bewahren. Ich lege meine Hand flüchtig auf seine Brust und verlasse ihn.

*Rue Buffon, 29. Juni*
Auf der Couch liegen die Patientenunterlagen. Ich bitte ihn um ein Rezept für meine Antidepressiva; er schreibt es aus. Ich gebe ihm sein Honorar. Er faltet die Geldscheine zusammen, steckt sie unter einigen Verrenkungen in seine Hosentasche. Ich setze mich auf die Couch, neben meine Tasche. Unsere Blicke begegnen sich, und meine Angst wächst. Ich lege meine Tasche weg; er kommt zu mir, nimmt mich in seine Arme, sagt mir, ich solle mich entspannen, legt mir seine Hand auf dic Stirn. Wenn ich aufschaue, sehe ich sein Gesicht verkehrt herum. Ich spüre die Muskeln seiner Arme, seinen harten Schwanz unter meiner Hand, die er festhält, sobald ich sie zurückziehen will. Ich dulde es, daß er mir durch den dünnen Stoff meines Oberteils die Brüste streichelt; hin und wieder faßt er mit der Hand in meinen Ausschnitt und berührt meine Brustwarzen, umfaßt meine Hüften. Seine Hand zwängt sich durch meinen Rockbund, wandert bis zu meiner Scham hinunter. Er fordert mich auf, im Rhythmus seiner Hand, die sich auf meine Brust preßt, zu atmen, und es gelingt mir, mich zu entspannen.
»Nehmen Sie mich, wenn Sie wollen, ich werde mich nicht wehren...«
Er erwidert:
»Nein, es ist besser, wenn ich Sie so mit meiner Hand beschütze. Sind Sie böse, weil ich nicht will?«
»Nein... das heißt ja... ein bißchen... ich weiß nicht.«
Ich lächle etwas enttäuscht.
Ich bin nicht böse, ich weiß, daß er mich begehrt, und glaube, daß er sich meinetwillen zurückhält. Aber die Zeit vergeht, und wir sind beide sehr erregt; ich bitte ihn erneut, in mich einzudringen.
»Nein, das geht hier nicht...«

»Werden Sie mich einmal besuchen?«
»Ja, aber nicht vor den Ferien, es ist zu gefährlich; wenn Ihre Ängste dadurch wieder zunehmen...«
»Aber nach den Ferien bin ich nicht mehr allein zu Haus...«
»Das ist nicht das Problem, wissen Sie, ich denke vor allem an Sie!«
»Am Ende glaube ich das sogar...«
Ich fühle mich wohl, ich vertraue ihm; daß er trotz seiner Erregung nicht weitergehen will, bringt mich dazu, an seine Aufrichtigkeit zu glauben. Ja, ich finde, er ist ein sympathischer Mann, ein netter Typ.
Das Geräusch von Schritten im Flur. Ich zucke zusammen. Er fragt mich:
»Woran denken Sie?«
»An die Tür...«
»Aber nein...«, beruhigt er mich.
Ich sage ihm, wie sehr ich ihn begehre, daß ich Durst nach ihm habe, ja, daß ich ihn am liebsten austrinken möchte. Er steckt mir seine Finger in den Mund, nimmt sie aber wieder heraus, damit ich weiterreden kann. Ich empfinde seine Sinnlichkeit als eine unpassende, störende Reaktion. Wir stehen auf, er drückt mich an sich, sucht den hautengen Kontakt seines Glieds mit meinem Körper, weicht aber wieder aus, als ich ihn auf den Hals küssen will. Unbegreiflich...
Ich seufze:
»Uff... lassen Sie mich ein paar Minuten allein...«
Ich weiß nicht, ob er mich versteht, aber er verläßt das Zimmer. Kurz darauf kommt er zurück, geht auf mich zu, faßt meinen Arm und dreht mich um. Ich spüre jetzt seinen Körper an meinem Rücken. Seine Hände halten meine Brüste umfaßt, er reibt sein Glied an mir. Als ich hinausgehe, sieht er mir zärtlich nach.
Draußen auf der Straße spüre ich die Blicke der Männer auf mir, das Blut steigt mir ins Gesicht; ich fühle mich ganz leicht, ich fühle mich wieder als Frau.

*Rue Buffon, 3. Juli*
Renaud hat keine Schule mehr. Es ist nicht leicht, ihn zu Hause zu lassen, um zu Sachs zu gehen. Ich ziehe absichtlich keinen BH an. Ich gehe geradewegs auf den Sessel zu und setze mich ihm gegenüber... Ich weiß nicht, was ich sagen soll... Ich erzähle von Renaud, der mir nie meine Ruhe läßt... Nach einer Weile will ich mich doch lieber hinlegen. Es fällt mir schwer, aufzustehen. Kaum liege ich auf der Couch, streckt er die Hand aus, streicht mir übers Haar. Ich kann nicht mehr reden, meine Angst ist zu groß. Schluchzend sage ich zu ihm: Ich habe während meiner ersten Analyse so schrecklich gelitten. Er hockt sich neben mir auf den Boden, nimmt mich in seine Arme, umfaßt meine Hüften.
Ich sage leise:
»Ich möchte, daß Sie zu mir kommen...«
Er gehorcht, streichelt mir sanft die Brüste, führt meine Hand zu seinem steifen Glied. Sein Gesicht ist zu nahe; ich kann nur vage seine gebräunte Stirn, seine geschwungenen Wimpern und sein schwarzes Haar sehen. Ich frage ihn:
»Sind Sie verheiratet?«
»Nein...«
»Sie mögen es nicht, wenn man Sie küßt?«
»Nein...«
»Warum nicht?«
»Ich weiß nicht...«
»Wissen Sie, daß die Prostituierten sich auch nicht küssen lassen?«
»Dann habe ich ja eins mit ihnen gemeinsam...« Er lächelt.
Er steht auf, um eine Zigarette zu rauchen. Ich drehe mich auf den Bauch, lege meine Wange auf das Kissen. Jetzt stellt er mir die Fragen:
»Ist Ihre Angst noch immer so groß?«
»Eigentlich nicht, aber ich bin ganz zittrig.«
»Das ist etwas anderes...«
Er drückt seine Zigarette aus, kommt zu mir zurück und faßt meine Hand:
»Stehen Sie auf! Wie soll ich mich beruhigen, wenn Sie so daliegen?«

Ich frage ihn:
»Und wenn ich in Sie verliebt wäre?«
Er antwortet mir ohne Überraschung:
»Dann wäre das auch kein Drama.«
Als ich ihn verlasse, fühle ich mich leicht, fühle ich mich wieder als Frau, aber auf dem Heimweg frage ich mich bedrückt: Kann man unter diesen Umständen noch miteinander arbeiten? Ist ihm das noch möglich? Bin ich analysierbar? Sollte ich nicht doch lieber den Analytiker wechseln? Und was für Nachteile würde das mit sich bringen?

*Rue Buffon, 6. Juli*
Endlich sage ich etwas... Was? ... ich weiß es nicht mehr. Ich rede über Renaud, seine Tyrannei. Er fragt mich:
»Geht er nicht mehr zu der Kinderpsychologin? Es ist bestimmt alles leichter für Sie, wenn er fort ist.«
Ich sage ihm auch, daß mich sein Verhalten sehr beunruhigt:
»Ist denn eine solche Beziehung während der Analyse ratsam?«
Er erwidert:
»Auf diesem Gebiet gibt es keine Regeln. Es hilft Ihnen aber zu reden.«
»Nein, Sie irren sich, es hilft mir nur, Sie am Ende jeder Stunde zu verlassen...«
Ich sehe ihn an: Er sitzt in seinem Sessel zurückgelehnt, hat die Beine ausgestreckt, lächelt selbstsicher. Ich finde ihn anziehend und begehre ihn; ich gebe zu, daß ich in meine Analysestunde komme, um von ihm in den Arm genommen zu werden.
»Ich schreie um Hilfe beim geringsten Anfall von Angst... Ich manipuliere Sie... Ja, ich glaube sogar, daß ich übertreibe. Glauben Sie nicht, daß es besser ist, wenn ich nach dem Urlaub einen anderen Analytiker aufsuche?«
»Nein« (und er sagt das sehr bestimmt). »Sie müssen mir glauben... wenn Sie wechseln, müßte die ganze Arbeit von vorne beginnen, von Anfang an... Ich versuche durchaus nicht, meine Klienten um jeden Preis zu behalten, ich habe

genug. Aber ich meine, wir sollten weiter zusammen arbeiten und daß das möglich ist.«
Er fügt hinzu, man müsse in der Analyse nicht unbedingt leiden, zieht eine Parallele zu dem »Gebären unter Schmerzen«, eine vorwiegend christliche Haltung. Er ist ernst, zärtlich und überzeugend. Ich gebe nach, bin bereit, ihm zu glauben, aber in meinem tiefsten Inneren bleibt ein Zweifel, weil er mich begehrt und von daher nicht mehr ganz glaubwürdig ist.
Er senkt leicht den Kopf, lächelt mir zärtlich zu:
»Legen Sie sich doch auf die Couch...« (er streckt seine Arme aus).
»Nein... ich kann nicht, meine Beine sind wie aus Watte...«
Er steht auf, nimmt meine Hände, um mir aus dem Sessel zu helfen, zieht mich sanft in seine Arme. Die Couch ist nicht weit; ich lege mich hin. Er folgt meinem Beispiel; ich schmiege mich an seine Brust. Er drückt mich an sich, zeigt mir, wie erregt er ist. Ich bitte ihn, den Rolladen herunterzulassen. Er tut es ohne Hast und ohne sich um die Geräusche zu kümmern, die man aus dem Nebenzimmer hört. Dann kommt er zum Sofa zurück. Er will meinen Mund, und ich gebe nach. Er liegt wie erstarrt. Ich lasse ihn meine Zähne auf seinem Glied spüren, um ihn daran zu erinnern, daß ich es bin, die dieses Spiel bestimmt. Sollte ich ihn nicht überhaupt kastrieren, um die Theorien der Analytiker zu bestätigen? Ich frage mich, ob er so weit gehen wird, mir in den Mund zu spritzen. Mit einer Hand hält er meinen Nacken fest, mit der anderen streichelt er mir die Brust.
»Dringen Sie in mich ein...«
Er protestiert:
»Nein, nicht hier, nicht so...«
Aber einen Augenblick später legt er sich mit seinem ganzen Gewicht auf mich, schiebt meinen Rock hoch, zieht meinen Slip aus. Ich zittre unter der Berührung seiner Finger, die meine Schamlippen öffnen; dann dringt er rasch, zwei- oder dreimal in mich ein. Ich stöhne, ich habe den Eindruck, daß sein Glied riesig ist, es füllt mich ganz aus, durchbohrt mich

wie eine Lanze. Er läßt ganz unvermittelt von mir ab. Ich frage ihn:
»Warum denn nicht ganz?«
»Nein, ich wollte das nicht, so hastig... Wir müssen an die Zeit denken...«
Er bringt seine Kleidung in Ordnung, setzt sich in seinen Sessel, zündet eine Zigarette an und fragt mich dann völlig gelassen:
»Fühlen Sie sich wohl?«
»Weder wohl noch schlecht... Ich bin frigid...«
»Spüren Sie denn nichts dabei?«
»Doch...«
»Also halbfrigide?«
Ich frage ihn noch einmal:
»Besuchen Sie mich einmal vor den Ferien?«
Er zögert, redet etwas von seinen Terminen...
»Aber am Abend?«
»Ich verbringe meine ganzen Abende in Seminaren... Ich bin momentan sehr beschäftigt... und... wollen Sie das denn wirklich?«
»Ja und nein...«
»Sehen Sie. Lassen wir es besser dabei.«
»Nein, ich will noch etwas bleiben!«
Er geht auf mich zu und küßt mich ungeschickt auf die Wange. Wir verabschieden uns mit einem langen Blick, ohne den gewöhnlichen Händedruck.

*Malakoff, 8. Juli*
Schmerzliche Einsamkeit. Die Koffer sind gepackt; Pierre geht zur Tur, von Renaud gefolgt, der jedoch noch einmal zurückkommt, um mich zu umarmen. Pierre bleibt stumm. Geht er zum erstenmal so ohne ein Wort von mir? Ich versuche, ihm meine Enttäuschung nicht zu zeigen: »Fahr nicht zu rasch...«
Der Aufzug setzt sich in Bewegung. Ich sehe zum Fenster hinaus. Renaud hat die Scheibe heruntergekurbelt und winkt mir zu. Er strahlt vor Freude und ruft: »Auf Wiedersehen, Mama!«

Als das Auto verschwunden ist, fange ich an zu weinen. Sie sind für zwei Wochen nach Les Prades gefahren.
Ich fange an, die ganze Wohnung zu putzen, wasche die Tagesdecke vom Bett, räume Renauds Zimmer auf. Dann rufe ich Claudine an, die jedoch in Eile ist: Sie will gerade ausgehen. Michèle antwortet nicht am Telefon. Ich sehe zu dem erleuchteten Fenster der Collins hinüber, wage aber nicht, bei ihnen zu klingeln. Monique hat mir gesagt, sie würde sich bei mir melden. Es ist so schwer, die Einsamkeit zu ertragen. Angst überkommt mich, und ich spüre erneut die Tränen in mir aufsteigen. In dieser Nacht träume ich, daß Michèle mich bittet, ihr kleines koreanisches Mädchen auf den Arm zu nehmen.
Voller Entsetzen denke ich, daß schon die geringste ungeschickte Bewegung genügt, um... Und dann lasse ich das Kind wirklich fallen. Als Renaud noch klein war, habe ich oft den gleichen Alptraum gehabt.
Ich lese gespannt Erika Kaufmanns Buch »Die Übertragung«; ich will unbedingt wissen, ob der Analytiker, den sie beschreibt, am Ende in die sexuellen Beziehungen einwilligt, um die seine Patientin ihn unablässig bittet. Nach monatelangem Flehen läßt er sich herbei, sie zu küssen und ihr die Brüste zu streicheln. Sie merkt zwar, daß er sie begehrt, aber er weigert sich hartnäckig, mit ihr zu schlafen. Sie wiederholt ständig: »Nur ein einziges Mal«: um sich von ihm zu befreien, behauptet sie. Sie schreibt ihm lange Briefe, besucht ihn immer wieder, nennt ihn »Papa«. Und nach und nach wird aus dieser lebhaften Frau ein arbeitsloses, versoffenes und verzweifeltes Wrack.

*Rue Buffon, 10. Juli*
Er sieht mir entgegen, als ich durch den Garten auf das Haus zugehe. Ich fühle mich verwirrt, verlegen. Er drückt mir die Hand. Ich finde, er sieht an diesem Morgen etwas schmal und müde aus. Ich erwähne meine Bauchschmerzen; er fordert mich auf, mich auf die Couch zu legen. Dann zündet er sich eine Zigarette an, redet sanft und leise; diesmal bleibt er an seinem Schreibtisch sitzen, während er sich sonst immer neben mich auf die Couch legt. Weinend beschreibe ich ihm

meine Einsamkeit, das Gefühl der Verlassenheit. Eine Weile lang sagt niemand ein Wort. Ich bin voller Angst, Angst ihn zu verlieren, Angst, daß er aufhört, mir zu antworten. Er beruhigt mich; ich höre seine Stimme, ich verstehe nicht ganz, was er sagt. Er wiederholt seine Worte, ich vergesse sie wieder, ich bin völlig benommen. Es läutet: Er geht hinaus, um zu öffnen. Die Stunde ist vorbei. Er fordert mich auf, irgend etwas zu sagen, was mir gerade in den Sinn kommt. Mir fällt nichts ein; er insistiert. Ich strecke die Arme aus – während der ganzen Zeit ist er hinter mir sitzen geblieben –, und jetzt ergreift er meine Hand, erwidert ihren Druck. Schließlich steht er auf, geht auf die Tür zu und sagt mir lächelnd »auf Wiedersehen«.
Den ganzen Tag lang bin ich deprimiert und kann kaum meine Tränen unterdrücken. Ich fühle mich so nutzlos im Büro... Unerklärlicherweise gelingt es mir dennoch, rasch und präzise die Auskünfte zu geben, die man von mir erwartet. Ich arbeite wie ein Automat, aber gewissenhaft...

*Montparnasse, 11. Juli*
Ich schlendere durch die Galeries Lafayette, blättere in ein paar Büchern, unter anderem in Durells »Justine«. Ich finde es zu teuer. Aber ich kaufe für Renaud zwei kleine Bilderbücher mit viel Text; ich möchte gern, daß er nicht nur seine Comics liest... Nachts träume ich von einem dicken Angorakater, der sich an meinen Beinen reibt und mich plötzlich kratzt. Ich dachte, die Wunden würden gleich anfangen zu bluten, stelle aber fest, daß die Kratzspuren an meinen Schenkeln nur leicht anschwellen. Ich erinnere mich, daß ich mitten in der Nacht halb verschlafen aufgestanden bin, um mich zu vergewissern, daß ich die Tür verriegelt habe.

*14. Juli*
Wochenende in Les Prades. Pierre erwartet mich am Bahnhof, ohne Renaud. Er wirkt verkrampft, zuckt zusammen, als ich ihn umarme. Ich rede, rede, rede, ich sage, was mir gerade einfällt, nur damit das Schweigen sich nicht zwischen uns einnistet.

Ich frage ihn:
»Wie geht es Renaud? Und wie geht es dir? Hast du dich gut erholt?«
Ich beuge mich zu ihm, während er fährt, und küsse ihn auf die Wange. Ich bin voll guten Willens, aber offensichtlich nützt das überhaupt nichts. Er bleibt gleichgültig und abweisend. Beim Einschlafen drehen wir uns den Rücken zu. Übrigens möchte ich auch gar nicht, daß er mich berührt.
Während dieser beiden Tage bin ich sehr deprimiert. Ich schlafe in der Sonne am Seeufer ein. Aber es ist ein schwerer Schlaf; ich erwache nur mühsam, mit Halsschmerzen, nicke immer wieder ein. Ich fühle mich auf dem Land nicht wohl.
Sachs, helfen Sie mir, Sie fehlen mir so schrecklich.

*Ruc Buffon, 17. Juli*
Der Weg zu ihm ist qualvoll, mir ist übel. Ich erwähne meine Magenschmerzen. Er sagt mir, ich solle mich hinlegen. Ich gehorche, bitte ihn aber gleich darauf, zu mir zu kommen.
»Wie?«
Ich entgegne:
»Zu mir auf die Couch, neben mich.« Und ich füge hinzu:
»Tun Sie immer alles, was man von Ihnen verlangt?«
Er wundert sich:
»Was ›man‹ von mir verlangt?«
Ich verbessere mich:
»Was ich verlange...«
»Nicht immer...«
Ich presse mein Gesicht gegen den weichen Stoff seines Hemdes, dann knöpfe ich es auf, wandere mit meinen Lippen über seine Brust. Ich mache seinen Gürtel auf, öffne den Reißverschluß seiner Hose. Einen Augenblick lang betrachte ich sein Glied, bevor ich es in den Mund nehme.
Er hat immer noch keine Vorhänge am Fenster.
Ich ziehe jetzt meinen Slip aus. Er umfaßt von hinten meine Hüften, drückt mich an sich und dringt in mich ein. Ich sage ihm, er soll bleiben, aber er löst sich gleich wieder von mir und zieht sich hastig an. Ich schaue auf meine Uhr: Es ist fünf

vor neun. Tränen rinnen mir übers Gesicht. Er sieht mich verlegen an und murmelt:
»Ich mag das nicht, so... zwischen Tür und Angel...«
Er setzt sich, raucht eine Zigarette.
Ich sage ihm, wie eifersüchtig ich bin, wenn ich daran denke, daß er mit einer anderen Frau Urlaub macht.
»Möchten Sie, daß ich allein verreise?«
»Eigentlich nicht.«
»Oder daß ich mit Ihnen verreise?«
»Nein. Aber ich bin trotzdem eifersüchtig.«
Die Stunde ist zu Ende: Er öffnet mir die Tür, ohne mir die Hand zu geben.

*Rue Buffon, 20. Juli*
Er ist hell angezogen, aber nicht besonders geschmackvoll: ein beiges Hemd zu einer fast weißen Hose. Ich habe mich gegen unsere bevorstehende Trennung gewappnet und frage ihn beiläufig, wie sein Termin beim Zahnarzt ausgegangen ist.
»Er hat mir fast den Kiefer ausgerenkt!« (Um einen Weisheitszahn zu ziehen.) Er behauptet, seine Wange sei geschwollen, aber mir fällt das nicht auf... Ich setze mich auf die Couch, bin mir aber sicher, daß er nicht zu mir kommen wird. Er behauptet, er müsse »vorsichtig sein«... und legt seine geöffnete Hand auf das Kissen. Ich beuge mich hinunter und schmiege meine Wange an seine Hand. Er sagt, ich solle mich entspannen, doch vergebens. Ich habe nur einen Wunsch, ihn zu ohrfeigen, und gebe das offen zu. Er lächelt:
»Aber nicht diese Seite!«
Ich werfe ihm einen gehässigen Blick zu:
»O doch... gerade die!«
Es ist Zeit zu gehen, aber ich weigere mich aufzustehen. Draußen läutet es. Er öffnet die Tür:
»Guten Tag, Mademoiselle, einen Augenblick.«
Voller Verzweiflung stürze ich auf ihn zu, klammere mich an ihm fest; ich kann mich nicht von ihm lösen. Ich verlange einen Kuß, den er mir mit zerstreuter Miene gibt. Er ent-

schuldigt sich, daß es nicht besser geht, und deutet auf seine geschwollene Wange. Ich verlasse das Zimmer, ohne ihn anzusehen. Wenn ich will, kann ich ihn am Dienstag vor seiner Abreise noch einmal anrufen...

*Malakoff, 21. Juli*
Ich habe von Phyllis Chesler »Frauen, das verrückte Geschlecht« gekauft, eigens wegen des Kapitels, das sich mit den sexuellen Beziehungen der Patientinnen zu ihren Therapeuten beschäftigt. Ich finde darin nichts wirklich Neues und Interessantes, höchstens ein paar Anhaltspunkte. Dagegen überkommt mich ein Zweifel: Vielleicht bin ich gar nicht die einzige, die im Augenblick die Gunst von Sachs genießt. Der Gedanke tut mir weh.

*Les Prades, 24. Juli*
Ich beobachte eine Zikade, die durch die Schwingungen ihrer Trommelhäute einen hellen zirpenden Laut erzeugt. Als ich mit Renaud einen Ausflug mit dem Rad mache, hält er plötzlich an, um sich einen toten Igel auf der Straße anzusehen. Um Haaresbreite vermeide ich den Zusammenstoß und falle in den Graben, weil ich nicht rasch genug den Absprung geschafft habe.
Nach dem ersten Schrecken fange ich an zu schimpfen. Wir fahren weiter. Er ist mir immer ein gutes Stück voraus, dreht sich häufig um, um zu sehen, wo ich bin, und kommt dabei immer viel zu sehr nach links. Bei jeder Kurve habe ich Angst, daß ihm plötzlich ein Auto entgegenkommen könnte. Gott sei Dank ist die Straße praktisch leer.
Die glücklichen Augenblicke kann man an einer Hand abzählen: Er beschimpft mich, brüllt, schlägt nach mir. Am Nachmittag bin ich außer mir, als ich beobachte, wie er mit seinem Fahrrad viel zu nah an der kleinen Lucie vorbeifährt, die daraufhin versucht, ihn mit dem Besen in Schach zu halten. Ein paarmal wäre sie fast hingefallen, als sie zu rasch auf die Treppe zulief. Renauds boshaftes Verhalten empört mich. Aber ich bin einfach nicht in der Lage, diesen gefährlichen Spielen Einhalt zu gebieten.

Ich gehe hinunter zu dem eiskalten Bach, um meine Wäsche zu spülen. Während ich auf der Erde am Wasser knie, ziehe ich meine Bluse aus; die Sonne, die durch die Tannen dringt, wärmt mir den Rücken.
Ich denke an Sachs, an seine Haltung mir gegenüber, an meine Angst, er könnte am Ende homosexuell sein, was für mich mehr als enttäuschend wäre. Er weckt in mir den Wunsch, beherrscht, ja, zum bloßen Lustobjekt zu werden, obwohl ich auch das Bedürfnis nach Zärtlichkeit habe. Zu behaupten, ihm ginge jedes Gefühl dafür ab, wäre falsch; er versteht mich wie sonst niemand und kann durchaus sanft und zärtlich sein, aber ich möchte ihm meinen ganzen Körper schenken, Haut gegen Haut, Gesicht gegen Gesicht.
Renaud fährt in der Küche Fahrrad; die Kette ist gerissen, er fährt trotzdem weiter und hinterläßt schwarze Schmierölspuren auf dem Kachelboden. Er wäscht sich freiwillig die Hände, hält dann aber den Finger unter den geöffneten Hahn. Das Wasser spritzt auf die Wände, auf den Boden. Ich schreie, prügele ihn; Tränen steigen mir in die Augen.

*Les Prades, 27. Juli*

Die Sonne scheint immer noch, und es ist sehr warm. Aber den See finde ich doch etwas kalt und kann mich nicht überwinden, hineinzugehen. Renauds Spiele, die vor allem darin bestehen, mich naß zu spritzen, treiben mich zur Verzweiflung.
Alles ist ein Problem: Wir machen einen Ausflug mit dem Fahrrad, aber die Jacke, die ich ihm um den Bauch binde, ist ihm zu warm; außerdem ist er nach kurzer Zeit müde. Wir fahren zurück. Ich bin mit den Nerven am Ende. Den ganzen Nachmittag lang ist er unausstehlich. Er gibt meiner Mutter freche Antworten, und ich schäme mich seinetwegen.
Die kleine Lucie schaut mit großen unschuldigen Augen in die Welt; sie lacht, ist auf alles neugierig. Renaud fängt wieder seine alten Spiele mit ihr an. Er hat sie abgeholt, um sie mit seinem Fahrradfahren zu erschrecken. Ich bin gezwungen, ihn im Auge zu behalten, damit der Kleinen nichts passiert, und diese Angst macht mich aggressiv.

Sachs, Sie fehlen mir so! Es ist Ihr zweiter Ferientag... Wie lang mir die Zeit wird... Sie fehlen mir morgens, wenn ich mich in meinem Bett zusammenkuschle...
Ob wir wohl miteinander schlafen werden, wenn ich zurück bin?
Die Art, wie Sie mein Verlangen zu befriedigen suchen, gefällt mir nicht. Ich brauche nur Zärtlichkeit.

*Les Prades, 31. Juli*
Ein wolkenverhangener Tag. Danielle holt mich ab, um Blaubeeren zu suchen. Wir schlagen mit Stöcken in das Unterholz: In diesem Jahr soll es besonders viele Schlangen geben. Während wir unsere Eimer füllen, erzählen wir uns Geschichten aus unserer Kindheit. Plötzlich kommt ein Wind auf, und der Himmel wird finster. Wir frieren in unseren leichten Kleidern, und nach den ersten Regentropfen rennen wir den Berg hinunter, bis wir ganz außer Atem sind. Damit die Beeren, die wir gesammelt haben, nicht verderben, halten wir schützend eine Hand über unseren Eimer...
Am Abend setzen wir uns gemütlich rings um das Kaminfeuer. Renaud liest flüsternd ein Bilderbuch. Manchmal fragt er mich, wenn er ein Wort nicht versteht. Kostbare Augenblicke der Ruhe.
Die Tage vergehen eintönig. Ich habe den Eindruck, überhaupt nichts zu tun, und dabei bin ich die ganze Zeit beschäftigt. Morgens stehe ich spät auf, dann kümmere ich mich um das Essen, den Haushalt, den Garten... So vergeht die Zeit. Abends sehe ich fern.

*Les Prades, 2. August*
Françoise kommt für eine Woche zu Besuch. Cathérine gesellt sich zu uns. Wir sind unternehmungslustig, machen ausgedehnte Wanderungen... Die Stimmung ist freundschaftlich und entspannt. Renaud ist nicht mehr so schwierig. Er kabbelt sich mit Cathérine, bestürmt ständig Françoise, sie solle Scrabble mit ihm spielen, aber wenn sie keine Lust hat, läßt er es gut sein. Ich atme ein bißchen auf...

*Les Prades, 15. August*
Pierre und Renaud sind gerade zusammen in die Bretagne gefahren. Plötzlich hört das Haus auf zu leben.

*Les Prades, 16. August*
Es regnet immer noch. Meine Mutter ist unausstehlich. Sie steht plötzlich auf, will unbedingt, daß wir das Holz abdekken, obwohl es bereits durch den Regen der letzten Tage durchnäßt ist. Dabei waren wir gerade dabei, uns im Fernsehen einen Film anzusehen.

*Freitag, 17. August*
Es regnet immer noch. Meine Stimmung ist auf dem Nullpunkt. Ich stehe gegen Mittag auf. Ich habe im Bett gelesen und bin dann wieder eingeschlafen. Ich weiß nicht, was ich machen soll, bin schlecht gelaunt und hänge nur herum. Zu nichts habe ich Lust... Zu absolut nichts.

*Samstag, 18. August*
Tränen laufen mir übers Gesicht: »Sachs, helfen Sie mir!« Der Himmel ist grau. Ich räume das Haus auf.
Es ist meine letzte Nacht in Les Prades. Ich komme ziemlich spät zurück, nachdem ich bei meiner Mutter ferngesehen habe. Dieser kurze Weg mitten in der Nacht erinnert mich an meine kindlichen Ängste, wenn meine Mutter mich noch spät am Abend in den Lebensmittelladen schickte, weil sie gemerkt hatte, daß für das Frühstück unseres Vaters Kaffee oder Zucker fehlte.

*Montparnasse, 23. August*
Ich gehe wieder ins Büro. Am Telefon erzählt Renaud mir herausfordernd:
»Ich esse gerade Schokoladeneis. Wir waren angeln... Und haben eine ganze Menge Makrelen gefangen... Na, Mama, was sagst du dazu?«
Ich freue mich, daß er sich mit seinem Vater so gut versteht; mir jedenfalls fehlt er nicht...

*Malakoff, 28. August*
Pierre kommt heute nacht zurück; Renaud wird noch ein paar Tage in Concarneau bei meinen Schwiegereltern bleiben.

*Rue Buffon, 4. September*
Sachs ist wieder zurück. Als er mir die Tür öffnet, lächle ich etwas verlegen. Ich zögere einen Augenblick, lege mich dann aber doch auf die Couch. Eigentlich habe ich ihn kaum angesehen. Er überfällt mich mit Fragen, die sich alle gegenseitig aufzuheben scheinen. Ich bin am Ende meiner Kraft. Er bleibt in seinem Sessel sitzen, streicht mir über das Haar, über die Stirn, massiert meine Schultern, meinen Hals. Aber damit steigert er nur meine Angst, statt sie zu lindern. Nach einer Weile steht er auf, legt sich neben mich; ich merke, daß er sich nur noch mühsam beherrscht. Ich mache ihn darauf aufmerksam, daß er immer noch keine Gardinen am Fenster hat und die alte Dame von gegenüber uns beobachtet. Offenbar hat sie meinen Blick bemerkt, denn jetzt geht sie hastig vom Fenster weg. Ich ärgere mich über Sachs: Er beteuert hartnäckig, man könne uns hier drin nicht sehen: Dabei liegt das Fenster eines älteren Ehepaares unmittelbar gegenüber seinem Sprechzimmer, nur noch etwas höher.
Ich erkläre ihm wütend:
»Ich will nicht mehr, daß Sie zu mir auf die Couch kommen, nie mehr!«
»Einverstanden, aber sagen Sie nicht ›nie mehr‹...«
Ich kuschle mich an ihn.
»Warum wollen Sie mich nicht küssen?«
»Eines Tages werd' ich es Ihnen vielleicht erklären.«
»Hören Sie! Wenn es besser ist, daß ich einen anderen Analytiker aufsuche, bin ich dazu bereit.«
»Nein, wir müssen gemeinsam weiterarbeiten. Aber wir können uns auch außerhalb der Therapiestunden sehen, wenn Sie das möchten.«
Ich unterbreche ihn:
»Ich habe keine große Lust, mit Ihnen zu schlafen... Ich will nur berührt werden.«

»Ich weiß.«
Nach einigem Zögern frage ich ihn leise:
»Sind Sie vielleicht eher homosexuell?«
»Nein, das bin ich nicht.«
»Es würde mich nicht stören, wenn Sie es wären.«
»Mag sein, aber ich bin es nun einmal nicht...«
»Haben Sie während des Urlaubs an mich gedacht?«
»Ja. Und Sie?«
»Ja, aber nicht gerade freundlich...«
»Das hab' ich geahnt.«
Er lächelt. Ich frage ihn vorsichtig:
»Haben Sie im Augenblick auch noch andere Patientinnen, denen gegenüber Sie sich so verhalten?«
»Nein. Sie sind die einzige.«
Es ist Zeit. Ich richte mich auf. Er nimmt meine Hände. Ich sage ihm, daß ich Angst habe, ich könne wieder so krank werden wie im letzten Winter.
»Nein. Das wird nicht geschehen.«
Ich gehe zu ihm, küsse ihn auf die Stirn, auf das Haar. Als er mich hinausbegleitet, sieht er mir tief in die Augen und drückt mir beide Hände.

*Rue Buffon, 7. September*
Es ist sehr heiß gewesen in dieser Nacht, ich habe Alpträume gehabt. Völlig verkrampft lege ich mich auf die Couch. Ich teile ihm das Ergebnis einer Laboruntersuchung mit; mein Blutzucker ist zu hoch. Er erkundigt sich nach Einzelheiten. Stockend erzähle ich ihm von meinen Alpträumen, in denen ich keinerlei Sinn erkennen kann, von meinem Ärger im Büro (ich muß in ein anderes Stockwerk umziehen).
Ich beobachte das Haus gegenüber. Heute ist es der Mann, der sich über die Blumenkästen beugt, mit einer Gießkanne in der Hand, und verstohlen zu unserem Fenster hinüberschaut.
Sachs steht hinter mir; ich frage ihn, warum er so schweigsam ist.
»Ich höre Ihnen zu...«
Nach einer Weile fährt er fort:

»Das letzte Mal sagten Sie, Sie wollten nicht mehr, daß ich zu Ihnen komme... Bedauern Sie es? Möchten Sie, daß ich mich zu Ihnen lege?«
Ich erwidere:
»Nein... das heißt... ja... ich bin so unschlüssig... das Fenster...«
»Sie können ganz beruhigt sein, man kann in das Zimmer nicht hineinsehen. Soll ich jetzt kommen?«
Er macht die kleine Stehlampe aus, legt sich neben mich, führt meine Hand zu seinem Hosenbund.
»Sie wollen meinen Mund, nicht wahr? Das mögen Sie?«
»Ja.«
»Ich habe es mir überlegt. Ich möchte Sie gern außerhalb der Therapiestunden sehen. Wann können wir uns treffen?«
Er stottert so etwas wie »das wird nicht leicht sein«... sein überfüllter Terminkalender... Er hört abends immer so spät auf... Und dann noch die Seminare...
Mir verschlägt es die Sprache. Aber dann explodiere ich:
»Sagen Sie, wollen Sie mich auf den Arm nehmen?«
»Aber nein... Ich habe nie behauptet, daß es so leicht sei... Dienstag kann ich Ihnen mehr sagen...«
Ich bin wütend und angewidert: Seit Wochen provoziert er mich, und jetzt will er sich drücken.
»Ist Ihre Freundin im Augenblick da?«
»Ja.«
»Sie mögen es nicht, wenn ich von ihr rede?«
»Nein, natürlich nicht!«
Ich breche in Tränen aus, drehe ihm den Rücken zu.
»Habe ich Ihnen weh getan?«
»Ich weiß nicht...«
»Ich glaube, Sie wollen mich wirklich... Sehen Sie mich an!«
Ich versuche aufzustehen, aber plötzlich dreht sich alles vor mir. Heute morgen im Bett hatte ich schon einmal solch einen Schwindelanfall. Ich stelle mich mühsam auf die Füße und rufe:
»Ich werde nicht mehr kommen.«
»Also bis Dienstag...«

Jetzt schreie ich fast:
»Nein... Ich komme nicht mehr!«
»Haben Sie doch Vertrauen zu mir, ich werde Ihnen helfen.«
»Nein... ich komme nicht mehr...«
Er wiederholt beharrlich:
»Also bis Dienstag.«
Ich übersehe seine ausgestreckte Hand, als ich hinausgehe.
Draußen laufe ich völlig erschöpft und mutlos erst ein paarmal auf und ab, bis ich zur Metro hinuntergehe. Unterwegs frage ich mich, ob er sich vielleicht Sorgen macht, und nehme mir vor, ihn gleich vom Büro aus anzurufen.
Ich wähle seine Nummer; er hebt ab. Ich stottere meinen Namen:
»Ich rufe Sie nur an, damit Sie sich keine Sorgen machen.«
»Schön. Ich erwarte Sie Dienstag.«
Seine Stimme klingt unbeteiligt. Er hängt ein.

*Rue Buffon, 11. September*
Er läßt mich einen Augenblick warten: Seine Freundin ist auf der Treppe. Er setzt sich, ohne zu zögern, in seinen Sessel. Ich hocke mich neben ihn auf die Couch. Er beugt sich vor, umfaßt meine Hände, sieht mich fragend und zärtlich an. Da ich nichts weiter sage, nimmt er mich in die Arme; ich lehne meinen Kopf an seine Brust. Er führt meine Hand zu seinem steifen Glied. Ich sage ihm, wie verstört und müde ich mich fühle, stehe auf und lehne mich an die Wand gegenüber. Er kommt zu mir, nimmt meinen Arm, führt mich zu dem Sessel und sagt dann unvermittelt:
»Während der nächsten zwei Wochen können wir uns nicht sehen...«
Ich springe auf, umklammere seine Schultern und rufe flehentlich:
»Nein, nicht das! Das ertrag' ich nicht!« Ich hatte verstanden, daß er die Therapiestunden ausfallen lassen wolle...
Er entgegnet verwundert:
»Nein, ich habe nicht Ihre Termine gemeint. Ich wollte nur sagen, daß wir uns außerhalb Ihrer Stunden nicht sehen kön-

nen. Mein Onkel ist sehr krank, ich muß ihn jeden Tag besuchen...«
Ich bitte ihn, die Jalousie herunterzulassen; er legt sich neben mich. Er ist zärtlich, streichelt meine Brüste, beteuert, daß er mich anziehend findet, küßt mich ungeschickt auf die Wange. Die Jalousie ist nicht ganz unten. Ich kann immer noch das Fenster der beiden Alten sehen und bin wie gelähmt. Trotzdem bekommt er meinen Mund... Weil er meine Therapiestunden nicht ausfallen läßt.
Als ich ihm sage, daß ich gern mit ihm schlafen möchte, gibt er mir die gleiche Antwort wie immer:
»Nein, nicht so, zwischen Tür und Angel, ohne sich auszuziehen... Nein, das will ich nicht...«
Dann stehe ich wieder auf der Straße und bin so müde, so müde...

*Montparnasse, 13. September*
Als ich ins Büro komme, stelle ich fest, daß die Kartons weder geordnet noch beschriftet sind. Nach diesem Umzug, der so schlecht organisiert ist, werde ich einen großen Teil der Kartons neu durchsehen und ordnen müssen. Plötzlich fühle ich mich angesichts dieses gräßlichen Durcheinanders ganz deprimiert. Ich halte das alles nicht durch.
Auf dem Heimweg hole ich Renaud ab. Heute hat die Schule wieder begonnen. Nach den langen Ferien sind die Kinder kaum zu bändigen, sie toben herum, fallen ihren Müttern ins Wort. Ich halte mich abseits, fühle mich unfähig und nutzlos, verfolgt von den Schrecken meiner Kindheit.

*Rue Buffon, 14. September*
Ich setze mich ihm gegenüber in den Sessel.

*Dienstag, 18. September*
Auf dem Gartenweg wage ich von weitem ein schüchternes Lächeln, das er erwidert. Ich setze mich auf die Couch und sehe ihn stumm an.
»Ich wäre so gern in Ihren Armen...«
Aber er rührt sich nicht vom Fleck.

»Nein, lassen wir das... Wir sollten etwas arbeiten... Finden Sie nicht auch?«
»Doch... aber ich darf es Ihnen doch wenigstens sagen, nicht wahr?«
»Natürlich... In der letzten Stunde sind wir ein gutes Stück vorwärtsgekommen.«
»Ja... aber ich möchte gern in Ihren Armen liegen.«
»Ich auch, Sie sind sehr begehrenswert...«
Er zündet sich eine Zigarette an. Die Nachbarn gegenüber gießen ihre Blumen. Heute morgen gibt es keine Extra-Vorführung für sie...
»Sie wollen nicht mehr, daß wir uns woanders treffen? Ich vergaß, Ihr Onkel ist ja krank...«
»Ich habe drei Nächte lang an seinem Bett gewacht...«
»Ihr Onkel ist nur ein Vorwand... Sie können sich einfach nicht entschließen...«
»Ja... das stimmt. Letzte Woche waren Sie voller Angst... Ich frage mich, was das Beste für Sie wäre... Ich möchte den Erfolg unserer Arbeit nicht in Frage stellen... Sie brauchen viel eher Zärtlichkeit als Sex...«
»Das glaube ich auch, aber ich bin nun einmal sehr verliebt in Sie...«
Ich erinnere ihn noch einmal daran, wie gern ich ihn jetzt ganz nah bei mir hätte. Er streicht mir über das Haar, greift nach meiner Hand und drückt sie fest, aber er bleibt hinter mir sitzen...
»Räumen Sie mir einen kleinen Extra-Platz in Ihrem Leben ein...«
Er erwidert nichts.
Wir verlassen uns mit einem zärtlichen Blick.

*Malakoff, 20. September*
Renaud heult, will nicht in die Schule gehen, klammert sich an mich. All meine Argumente bleiben erfolglos. Und was kann ich denn schon groß sagen? Er soll in die Schule gehen, weil ich schließlich ins Büro muß! Nicht gerade überzeugend...

*Rue Buffon, 21. September*

Ich sehe Sachs von weitem in der offenen Tür stehen. Beobachtet er gerne, wie ich auf das Haus zugehe? Was empfindet er mir gegenüber? Verhältnismäßig entspannt lege ich mich auf die Couch. Ich erzähle ihm von Renaud, meinen Träumen, in denen fast immer meine Mutter vorkommt.

»Warum brauchen Sie die strafende Allgegenwart Ihrer Mutter?«

»Ich weiß nicht...«

Plötzlich erinnere ich mich, wie überrascht ich von seinem schlechten Aussehen war, als ich kam:

»Sind Sie müde?«

»Ja... warum?«

»Wird Ihr Onkel sterben?«

»Ja...«

Er geht auf mich zu, nimmt mich in seine Arme. Ich lege meine Hand auf seine Schenkel und lehne mich an seine Schulter, während ich weiterrede.

»Ich mag eigentlich keine Ärzte... Dabei sind Sie auch einer...«

Er lächelt:

»Ich mag sie auch nicht besonders...«

Als ich gehe, drückt er mir nicht die Hand, sondern berührt meine Schulter, während er mich hinausbegleitet.

*Dienstag, 25. September*

Fast die ganze Nacht habe ich schlaflos zugebracht; ich komme, taumelnd vor Angst, zu Sachs. Ich lege mich hin, bleibe aber abwehrend und aggressiv: Ich beschimpfe ihn, werfe ihm vor, er habe mir vorgespielt, wir könnten uns auch außerhalb unserer Stunden sehen, obwohl er das in Wirklichkeit nie vorgehabt habe. Am liebsten würde ich zu ihm sagen: »Na, ist dieser Onkel endlich krepiert, damit wir vögeln können?« Aber das wage ich doch nicht und fahre fort:

»Das nächste Mal werden es die Masern des Kleinen oder die Blasenentzündung Ihrer Freundin sein...«

»Warum müssen wir in Ihren Augen eigentlich alle widerliche, gemeine Typen sein?«

»Und wenn dem so wäre?«
Er streicht mir übers Haar, über die Stirn, umfaßt meinen Hals – er könnte mich glatt erwürgen. Dann greift er nach meiner Brust und streichelt sie fast brutal. Ich bin sehr erregt und breche in Tränen aus, während ich mich auf der Couch zusammenkauere. Er zwingt mich, meine Beine auszustrekken und im Rhythmus seiner Hand zu atmen, die auf meiner Brust liegt.
Es ist Zeit; aber ich weigere mich aufzustehen. Ich provoziere ihn:
»Und wenn ich jetzt einfach hierbliebe, mich nicht vom Fleck rührte, dann säßen Sie ganz schön in der Tinte...«
Er lächelt. Während er mir die Tür aufmacht, streichelt er mir flüchtig die Wange.

*Rue Buffon, 28. September*
Mein Verlangen nach ihm ist heute morgen besonders groß: Ich bin in der zweiten Hälfte meines Zyklus, und mein sexueller Appetit erwacht.
»Ich möchte, daß Sie neben mir sind...«
Er lächelt.
»Nein... Sie bekommen sonst wieder Angstzustände.«
»Ich glaube nicht... Ich habe solche Sehnsucht nach Ihnen...«
Er macht die Lampe aus und legt sich neben mich. Sein Glied wird sofort steif.
Eine komische Reaktion... Da ich mich ganz offensichtlich nicht für sein Glied zu interessieren vermag, steht er auf, um die Jalousie herunterzulassen, die schrecklich quietscht. Seine Freundin muß nebenan sein, entweder im Badezimmer oder auf der Toilette. Ich beherrsche das Spiel: Ich berühre seinen Bauch mit meinen Lippen, übergehe aber absichtlich seinen Schwanz. Ich bitte ihn, in mich einzudringen. Er führt meine Hand, während ich meinen Rock hochschiebe, meinen Slip ausziehe: Ich soll mich selbst streicheln, meine Schamlippen, meinen Hintern. Er selbst aber verweigert jeden direkten Kontakt mit meinem Körper. Schließlich packt er mich von hinten und versucht, in mich einzudringen. Ich

reagiere sofort: Ich will nicht, daß er von hinten kommt. Ich umschließe sein Glied und bitte ihn, mich richtig zu nehmen. Er erwidert:
»Nein, das dürfen wir nicht...« und entfernt sich von mir.
Ich ziehe meinen Slip wieder an und bleibe total verwirrt auf der Couch liegen. Es ist fünf vor neun. Er geht hinüber in den benachbarten Raum; ich höre das Wasser laufen. Er kommt zurück und läßt die Jalousie hoch.
Wie kann er sich so benehmen, ohne den Verdacht seiner Freundin zu erregen? Weiß sie Bescheid? Ist sie damit einverstanden?
»Hören Sie, wenn Sie die Jalousie hochziehen... Meinen Sie nicht, daß...«
»Dieser Raum ist schalldicht.«
»Wissen Sie eigentlich, was Sie Ihrer Freundin antun?«
Keine Antwort. Als er mich verabschiedet, nimmt er mich noch einmal in die Arme. Dabei ist die Stunde noch nicht ganz zu Ende. Warum hat er es so eilig, mich loszuwerden? Warum ist er so rasch in das Badezimmer gelaufen?
Ich stehe plötzlich auf der Straße, bin deprimiert, fühle mich verlassen und voller Angst. Der Tag verläuft nicht gut; ich bin ganz kopflos: Wenn ich doch nur mit jemandem über meine Erlebnisse mit diesem Mann reden könnte, der mir so unbegreiflich ist.

*Dienstag, 2. Oktober*
Ein harter Tag. Ich bringe Renaud zu Dany, bevor ich zu Sachs gehe. Mein Sohn macht einen furchtbaren Zirkus: Er klammert sich an mich, will mich nicht gehen lassen. Ich reiße mich von ihm los und fühle mich dabei entsetzlich schuldig. Als ich bei Sachs ankomme, habe ich keine Kraft mehr; ich sehe ihn kaum an, setze mich auf die Couch und drehe ihm den Rücken zu. Ich erzähle ihm von Renaud, wie schwer mir ums Herz ist, wenn ich ihn so leiden sehe. Er antwortet mir ruhig und überlegt, bespricht mit mir mehrere Möglichkeiten: einen Schulwechsel, den Übergang in eine andere Klasse, ein Gespräch mit der Kinderpsychologin von der Beratungs-

stelle. Er versucht, mich positiv zu beeinflussen. Er redet klar und deutlich, aber irgend etwas an seiner Art, mit mir zu sprechen, klingt falsch, so daß ich wenig Zutrauen zu seinen Ratschlägen habe. Ich fühle mich äußerst unwohl in meiner Haut, fange an zu weinen, aus Enttäuschung über ihn, aber auch aus Angst, in ein paar Minuten wieder auf der Straße zu stehen. Ich übersehe die Hand, die er mir reicht, und zucke unwillig mit den Schultern.

*Rue Buffon, 5. Oktober*
Ich lege meine Tasche weg und ziehe meinen Regenmantel aus. Er sitzt schon in seinem Sessel. Mit ausgestreckten Händen gehe ich auf ihn zu. Er erwidert meine Geste, verschlingt seine Finger mit den meinen, so daß unsere beiden Handflächen sich eng berühren. Ich wage ein zaghaftes Lächeln und lege mich auf die Couch.
Ich erzähle ihm von meiner Wut, wenn Renaud mich beschimpft und nach mir schlägt. Und ich erzähle ihm von meiner Mutlosigkeit, daß ich am liebsten weggehen und ihn in ein Internat geben würde. Ich fange an zu weinen, bitte ihn, zu mir zu kommen.
»Möchten Sie das wirklich?«
»Nein, ich glaube nicht.«
Er legt seine Arme um mich, bleibt jedoch in seinem Sessel sitzen. Ich sage ihm auch, wie verstört ich letzte Woche war, wie sehr mich das, was sich hier zwischen uns abspielt, erregt.
Gehässig füge ich hinzu:
»Sie lügen! Sie lieben die Frauen nicht!«
»Ich liebe die Frauen nicht? Sie glauben, daß ich homosexuell bin?«
»Nicht direkt.«
»Unbewußt homosexuell?«
»...«
Ich denke eine Weile nach und sage dann:
»Ich möchte gern, daß Sie sich so geben, wie Sie sind, das wäre so viel einfacher.«
Dann frage ich ihn wieder:

»Wie können Sie einfach ins Badezimmer gehen, ohne daß Ihre Freundin mißtrauisch wird? Weiß sie Bescheid?«
»Nein.«
»Freitag haben Sie mich vor die Türe gesetzt, bevor die Stunde zu Ende war...«
Er beugt sich etwas nach vorn, umarmt mich, drückt mich an sich.
Ich spreche mit ihm über seine Weigerung, mich zu küssen. Er verteidigt sich, indem er lange Ausführungen über den erotischen Charakter des Küssens macht... Und so etwas sei während der begrenzten Zeit einer Therapiestunde unangebracht...
»Ach nein! Die Fellatio hat dann wohl keinen erotischen Charakter?...«
»Doch.«
»Also?«
»...«
»Ich glaube, an einem normalen Liebesakt liegt Ihnen nichts.«
Er verteidigt sich:
»Doch, natürlich.«
»Nein, Sie wollen nur den Analverkehr.«
»Das stimmt nicht. Wenn es so wäre, würde ich es Ihnen sagen...!«

Ich träume von Küssen. B... küßt mich vor einer ganzen Schar von Freunden auf den Mund. Meine Lippen sind feucht, und ich mag das nicht. Übrigens finde ich B... nicht besonders anziehend. Er dagegen möchte allen zeigen, wie zärtlich unsere Beziehung ist. Die Szene spielt sich auf dem Land ab, Renaud ist auch dabei.
Das nächste Bild: Ich wandere durch den Wald, ein Mann hält mich an der Hand und unterhält sich mit mir. Meine Mutter mischt sich dauernd ein, unter den verschiedensten Vorwänden. Ich zeige ganz offen meine Verärgerung: Ich möchte mit diesem Unbekannten gern allein sein. Er versteht meine Gefühle und küßt mich mehrmals auf den Mund. Meine Mutter stört mich.

*Rue Buffon, 9. Oktober*
Ich nehme den Bus und steige am Jardin des Plantes aus. Ich schlendere durch die Alleen und lese die Namen der verschiedenen Blumenarten auf den Beeten. Ich habe ein Buch von Michel Tournier mitgenommen, aber ich bringe es nicht fertig, darin zu lesen. Je näher die Therapiestunde rückt, desto schlechter fühle ich mich. Meine Angst wird so stark, daß ich mich gleich bei meiner Ankunft Sachs in die Arme werfe. Er ist überrascht, er wollte sich gerade setzen. Er zieht mich sanft an sich; ich lege meinen Kopf an seine Brust, aber er sagt mir, er sei erkältet. Ich spüre, wie heiß seine Stirn ist. Wir bleiben eine ganze Weile so stehen. Er bittet mich, ihm zu sagen, was ich empfinde, warum ich so voller Angst bin... Ich weiß es nicht. Ich habe ihm Fotos von Renaud mitgebacht.
»Zeigen Sie sie mir.«
Er setzt sich neben mich auf die Couch, meint, Renaud sei ein hübscher kleiner Junge. Das Paar gegenüber taucht einträchtig nebeneinander am Fenster auf. Sie schauen zu uns herunter; ich denke nicht mehr an sie. Sachs sieht mich forschend an; um seinem Blick zu entgehen, schmiege ich mich an ihn. Er legt sich ganz unbefangen neben mich, schließt die Augen und – es ist wirklich immer dasselbe – führt meine Hand zu seinem steifen Glied.
Könnte er nicht einmal das Spiel etwas variieren? Am Ende wird es langweilig...
Ich sage ihm, daß es mir besser geht, seit ich ihn anfassen kann, aber daß mich diese Freizügigkeit auch irgendwie stört, weil er ein so gemeiner Typ ist. Ich sage ihm auch, daß ich gelegentlich Lust und Schmerz nicht auseinanderhalten kann. Warum fällt es mir nur so unendlich schwer, spontan über das zu reden, was mir gerade in den Sinn kommt? Ich glaube, es handelt sich um eine Frage des Überlebens.
»Um das Überleben Ihrer Symptome«, entgegnet er.
Die nächste Kundin ist gerade gekommen. Ich sage ihm, ich fühlte mich von all diesen Frauen bedroht. Er steht auf und murmelt:
»Es ist hier wie im Harem...«

Ich versuche, ihn noch einen Moment zurückzuhalten:
»Lieben Sie mich?«
Er entgegnet:
»Und Sie?«
»Ich hab' geahnt, daß Sie mir nicht antworten würden. Die andere Analytikerin sagte mir, daß sie mich liebt; sie beteuerte mir oft: ›Ich werde Sie nicht verlassen‹, aber Sie, Sie haben Angst vor den Worten. Dabei gibt es so viele Arten zu lieben, Sie hätten mir ruhig antworten können.«
Ich frage ihn noch einmal, ob er sich nun entschlossen habe, mich außerhalb der Stunden zu sehen. Und füge hinzu:
»Ich möchte einmal einen Anfang der Stunde, der nicht fast schon das Ende ist...«
Ich sage ihm, daß ich am liebsten ganz lange dicht bei ihm sein möchte, aber eigentlich nicht das Bedürfnis habe, mit ihm zu schlafen. Er entgegnet:
»Diese Woche geht es nicht...«
Ich bin so traurig, so mutlos.
Er wird nie einwilligen. Aber warum nicht... Er begehrt mich doch?

*Rue Buffon, 12. Oktober*
Ich verpasse den ersten Bus, der zweite fährt nur bis Montparnasse. Also warte ich auf den dritten und komme zu spät. Voller Angst werfe ich mich ihm in die Arme, berühre seine Wange und erkundige mich, ob es ihm besser geht... mit seiner Erkältung...
»Ja... ein bißchen besser.«
Er streichelt mir den Rücken, umfaßt meine Taille und weicht dann ein Stück zurück, damit ich nach seinem Schwanz greifen kann. Ich kneife ihn in den Bauch und lächele ihn an.
»Soll ich mich hinlegen?«
»Wie Sie wollen.«
Ich entscheide mich fürs Hinlegen.
»Entspannen Sie sich.«
Er fährt mir durch das Haar, über die Wange, bleibt jedoch hinter mir. Schließlich greift er nach meiner Hand und hält sie in der seinen, während ich ihm meine Träume erzähle.

Ich habe meine Brille aufgesetzt: Die Nachbarn machen mich nervös. Ich spüre ihre Blicke, obwohl sie so tun, als seien sie in den Anblick ihrer Blumen vertieft. Ich beschimpfe ihn, weil er noch immer keine Gardinen angebracht hat. Er behauptet – zum xten Mal –, daß man uns nicht sehen kann. Eines Tages werde ich mir ein Herz fassen und selbst zu diesen Leuten gehen, um mich davon zu überzeugen.
Ich frage ihn erneut, ob wir uns außerhalb der Stunden treffen können.
»Tja… so bald sicher nicht, das wird nicht möglich sein… Ich arbeite fünfzig bis sechzig Stunden in der Woche…«
Daraufhin bemerke ich, daß er dann ja unheimlich viel Geld verdienen muß.
»Ich zahle auch unheimlich viel Steuern.«
»Das hoffe ich… aber wahrscheinlich beschummeln Sie das Finanzamt ganz schön, denn auf den Patientenblättern vermerken Sie niedrigere Honorare als die, die Sie in Wirklichkeit einnehmen. Sie werden mir doch nicht erzählen, daß Sie diese Differenz in der Steuererklärung angeben?«
Er lächelt und steht auf.
Als die Tür hinter mir zufällt, bin ich wie immer traurig.

*Malakoff, Samstag*
Renaud nervt mich, weil er ständig irgend etwas von mir haben will: Er hat schon ein Schokocroissant bekommen, in der Metro kaufe ich ihm noch ein Bounty, im Supermarkt will er unbedingt die Kartoffelchips gegen Gummibärchen, Müsliriegel und Kaugummi eintauschen. Ich hab' Bauchweh und bin müde.

*Rue Buffon, 16. Oktober*
»Versuchen Sie doch, meinen Wunsch zu verstehen, und geben Sie nach, wenigstens ein einziges Mal…«
Es klingelt. Er geht und öffnet der nächsten Patientin. Ich schaue aus dem Fenster: Der kleine Alte steht an seinem Beobachtungsposten. Diesmal richtet er ganz ungeniert seinen Blick auf mich und hebt plötzlich den Zeigefinger in einer

warnenden Geste, wie einem unartigen Kind gegenüber. Erschrocken stehe ich von der Couch auf. Sachs kommt zurück; ich werfe mich ihm in die Arme. Der kleine Alte ist inzwischen verschwunden.

*Rue Buffon, 19. Oktober*
Ich setze mich, meinen Beutel auf den Knien, die Hände in den Taschen meines Regenmantels.
»Warum haben Sie solche Angst?«
»Ich weiß nicht...«
»Legen Sie sich auf die Couch...«
Ich ziehe meinen Mantel aus und bitte ihn, zu mir zu kommen. Seine Hände tasten nach meinen Brustwarzen, und natürlich erregt ihn das sofort. Ich bin enttäuscht und verärgert: Er begreift gar nichts; ich möchte, daß er ruhig bleibt. Ich will ja nur eine kleine Liebkosung, um reden zu können. Er trägt einen sehr weichen schwarzen Pulli. Ich spüre seine wachsende Erregung. Als ich ihm von dem Fenster und dem kleinen Alten mit seinem drohenden Zeigefinger erzähle, sucht er nach einer plausiblen Erklärung.
»Er rief vielleicht nach seiner Katze... Seinem Hund...«
»Natürlich... Er drohte seinem Hund!«
Meine Mutlosigkeit wird immer größer. Er steht auf, macht die Lampe aus, läßt die Jalousie herunter und verspricht mir, spätestens zu Allerheiligen Vorhänge zu kaufen.
Ich greife mit meiner Hand in seinen Hosenbund und spüre seinen harten, heißen, klopfenden Schwanz. Ich frage ihn, ob er meinen Mund möchte.
»Ja... Und Sie?«
Ich hätte gern sein Gesicht dicht an dem meinen, aber wenn ich versuche, mich loszumachen, verstärkt er den Druck seiner Hand, um mich zu dem zu zwingen, was er will: die Fellatio.
Er berührt flüchtig durch den Slip hindurch meine Scham, führt meine Hand, damit ich mich selbst streichle.
Er ist äußerst erregt, murmelt jedoch, wir sollten ruhig bleiben. Ich sage ihm, daß ich mich so nicht besonders wohl fühle. Er wiederholt, wir dürften nicht so weit gehen...

Gleich darauf läßt er die Jalousie wieder hoch und setzt sich in seinen Sessel.
Eine vergeudete Stunde, die ich aber trotzdem bezahlen muß... Ohne etwas gelernt zu haben, kurz und gut, der reinste Betrug... Dieser Typ ist ein Gauner!
Ich frage ihn, ob er sich den anderen gegenüber auch so verhält. Er erwidert:
»Und Sie?«
Mir kommt die Galle hoch:
»Was, ich? Ich bin doch kein Arzt... Ich rede von Ihnen und Ihrem Beruf als Analytiker!...«
Er sieht mich stumm an. Ich stehe auf und mustere ihn genauer: Er ist müde und schlecht rasiert.
Ich glaube, er ist froh, als ich gehe.

*Malakoff, am Abend*
Ich habe mich noch den ganzen Vormittag lang an seinen Schwanz in meinem Mund erinnert, an seinen weichen schwarzen Pullover, meine Hast, den Gürtel seiner Hose aufzumachen... Ich hätte ihn meine Zähne spüren lassen sollen. Ob er wohl wirklich Vorhänge für sein Fenster kauft? Wenn er es tut, gebe ich ihm zum Dank einen Kuß, ganz gleich, ob er es mag oder nicht.

*Rue Buffon, 23. Oktober*
Die Ärzte streiken. Ich frage mich, ob Sachs da sein wird.
Ja, er antwortet an der Gegensprechanlage und öffnet mir die Tür. Ein dünner Zweig bleibt in meinem Haar hängen. Unsere Augen suchen sich von weitem. In dem Blick, den er auf mich richtet, liegt wie immer eine drängende Frage.
»Wie geht es Ihnen?«
Ich lege meine Tasche ab und drehe mich um. Meine erste Regung ist, auf ihn zuzugehen, aber ich halte mich zurück. Er hat gespürt, was ich wollte, nimmt mich in seine Arme und drückt mich zärtlich an sich. Wir bleiben eine ganze Weile so stehen, dicht aneinander, ohne ein Wort zu sagen. Doch dann werden unsere Zärtlichkeiten eindeutiger. Er zieht seinen Bauch ein und ich fasse mit der Hand in seinen Hosenbund.

Ich spüre das Klopfen seines Schwanzes durch den Slip hindurch; er knetet eine meiner Brüste. Seufzend sage ich:
»Wieder eine Stunde, die nicht gut anfängt...«
Ich lege mich auf die Couch; er setzt sich in seinen Sessel, beugt sich aber etwas vor, steckt eine Hand in den Ausschnitt meines Pullovers und drückt mir die Brustwarzen. Ich sage ihm, daß ich es gern hätte, ausgepeitscht zu werden.
»Würden Sie das tun?«
»Warum nicht...«
»Kann ich meine Hose ausziehen?«
»Äh... ja... wenn Sie wollen, aber die Stunde ist gleich zu Ende.«
Ich ziehe alles aus, ohne jede Scham, auch meine Stiefel und meine Socken, um nicht wie ein gehäutetes Kaninchen auszusehen. Er streichelt mir die Hüften, den Bauch, die Brüste, führt meine Hand, damit ich mich selbst streichle, aber ich will nicht. Ich greife nach seinem Glied. In Wirklichkeit interessiert ihn nur die Fellatio, und mittlerweile finde selbst ich Geschmack daran... Oder zumindest empfinde ich keinen Widerwillen mehr gegenüber diesem warmen, steifen, zukkenden Etwas, das er mir tief in den Mund hineinschiebt, so daß ich gezwungen bin, von Zeit zu Zeit den Kopf zu heben. Ich erwähne seinen Versuch des Analverkehrs und frage ihn:
»Sind das meine Sexualphantasien oder die Ihren?«
Er entgegnet:
»Wir sollten uns auf Zärtlichkeiten beschränken...«
Unwillkürlich entschlüpfen mir die Worte:
»Ich liebe dich«, und ich schmiege mich in seine Arme. »Ich möchte mich Ihren Freunden hingeben...«
»Freunden oder Freundinnen?«
Ich protestiere:
»O nein! Ihren Freunden... Frauen darf es zwischen uns nicht geben. Sie sollten mir die Augen verbinden, damit ich nicht weiß, ob Sie es sind oder andere... Und dabei könnte ich ganz beruhigt sein, weil Sie da sind und niemand mir weh tun darf... Die Möglichkeit, mich in Ihre Arme zu flüchten...«

*Sonntag, 28. Oktober*

Sachs, dieser gräßliche Sonntag im Zoo will einfach kein Ende nehmen. Die Begrüßung bei meinen Schwiegereltern fällt eher kühl aus. Pierre verbirgt nicht einmal mehr seine Feindseligkeit mir gegenüber. Aperitifs, Weißwein, Rotwein, Champagner, Kaffee und Cognac, ein Mittagessen, das bis zum Nachmittag dauert... Ich muß mir zum xten Mal die Geschichte von Tante Marguerite anhören, die einen Zwerghahn besaß, der auf ihrem Bettpfosten hockte. Es ist traurig, mitanzusehen, wie die Alten von früheren Zeiten faseln, weil sie keine Zukunft mehr haben. Sie besprechen einen Plan, von dem ich keine Ahnung habe. Sie suchen offenbar ein Restaurant... Die Rede ist von ihrer goldenen Hochzeit... Meine Schwiegereltern denken wahrscheinlich, daß Pierre mich eingeweiht hat, ich aber ganz offen mein Desinteresse demonstrieren will. Ich nehme es meinem Mann übel, so ausgeschlossen zu sein, und zeige ihm das auch.

Renaud schlägt seinem kleinen Vetter Bruno einen Ausflug vor. Ich sehe ihm nach, wie er mühsam den Rollstuhl seines gelähmten Vetters durch den Garten schiebt. Nach dem Kaffee hängt sich Bruno an meinen Hals, und ich trage ihn in sein Zimmer, von dem Renaud ganz begeistert ist: Es sieht eher aus wie ein Spielwarengeschäft. Gegen Abend schaue ich wieder zu ihnen herein. Renaud ist überrascht von meinem Auftauchen und versucht, sich zu verdrücken, weil er ein schlechtes Gewissen hat: Bruno liegt mit aufgestützten Ellbogen auf dem Boden. Die Tränen laufen ihm übers Gesicht; verstohlen wischt er sie an seinem Ärmel ab. Ich erfahre, daß Renaud sich in Brunos Rollstuhl gesetzt und sich einen Spaß daraus gemacht hat, so zu tun, als wolle er Bruno überfahren, ihm die Hände oder das Gesicht zerquetschen. Sein Verhalten bestürzt mich, und ich möchte, daß Pierre etwas unternimmt: Renaud verdient eine gehörige Strafe.

Bruno versucht, mich zu beruhigen:

»Es ist ja nichts... es ist ja nichts...«

Ich verstehe ihn natürlich: Er will nicht, daß Renaud weggeschickt wird. Er ist die ganze Woche allein und braucht den Kontakt zu gleichaltrigen Kindern... Ich weiß nicht, was ich

tun soll, mir ist ganz übel. Warum bloß ist mein Kind so gehässig?
Ich will nicht zum Abendessen bleiben; das sage ich ganz klar und deutlich. Wir fahren nach Hause. Auf der Heimfahrt sagt keiner von uns ein Wort. Im Radio spricht jemand über die Wirtschaftskrise. Ich habe plötzlich große Angst vor der Zukunft: Pierre will sich von mir trennen, ich habe Angst um Renaud und fühle mich im Büro unnütz und unfähig.

*Rue Buffon, 2. November*
Ich habe eine neue Frisur: Fransen über der Stirn und ein Band im Haar. Dazu: schwarzer Pulli, schwarzer Rock und geschminkte Lippen.
»Wie fühlen Sie sich?«
Heute setzt er sich in seinen Sessel. Ich drehe mich um und ziehe meine Lederjacke aus.
Ich frage ihn:
»Wird es mir eines Tages besser gehen?«
»Ja, das hoffe ich… ich bin davon überzeugt.«
»Soll ich mich hinlegen?«
Er nickt, setzt sich auf die Sessellehne. Von Zeit zu Zeit beugt er sich vor und streicht mir über das Haar und die Schulter, ermuntert mich ständig, ihm zu sagen, was mir in den Sinn kommt.
»Nun seien Sie doch nicht so hartnäckig… Es gab einiges, was ich Ihnen sagen wollte… Natürlich sind das keine spontanen Gedanken, aber besser als gar nichts…«
Er unterbricht mich:
»Weshalb wollen Sie eigentlich nicht zugeben, daß es Ihnen besser geht, daß Sie nicht mehr so verkrampft sind…«
»Ich will nicht, daß es mir besser geht… Ich will Sie nicht verlieren…«
»Soweit sind wir noch nicht!«
Ich erzähle ihm von meinen Ängsten vor jeder Therapiestunde, diesen Ängsten, die meine Gedanken lähmen, sage ihm, wie groß mein Verlangen ist, von ihm in den Arm genommen zu werden, aber gleichzeitig wird alles, was ich ihm

sage, zweitrangig, verliert seine Bedeutung. Er erkundigt sich eingehend nach meinen sexuellen Bedürfnissen, seine Gesten werden eindeutiger, er faßt in den Ausschnitt meines schwarzen Pullovers. Ich bitte ihn:
»Lassen Sie mich...«
»Wollen Sie das wirklich?«
»Ja.«
Ich schiebe seine Hände weg, halte sie fest und drücke sie mit der Innenfläche gegen das Kissen. Ich schaue auf die Uhr, stehe auf und lehne mich an die Wand gegenüber. Aus sicherer Entfernung sehe ich ihn an: Er hat die Beine ausgestreckt und raucht entspannt eine Zigarette.
»Finden Sie mich hübsch?«
»Ja.«
»Das Alter bekommt mir nicht...«
»Niemandem bekommt das Alter...«
Ich erwähne den Charme der Männer mit den grauen Schläfen. Er sieht nicht sehr überzeugt aus... Ich ziehe meine Lederjacke an. Er steht neben mir, ich will einen Kuß. Er tut so, als wolle er mir diesen Wunsch erfüllen, aber ich spüre seine Lippen kaum. Wir trennen uns.

*Montparnasse*
Heute morgen klopft es bei mir im Büro und Guy M... erscheint. Wir wechseln ein paar Worte. Kaum hat meine Kollegin das Zimmer verlassen, kommt Guy M... auf mich zu und küßt mich zärtlich auf die Wange. Ich bleibe ziemlich kühl: Ich weiß, daß er unter seiner Entlassung leidet, deren Grund niemand kennt, aber seine Sorgen interessieren mich nicht. Ich habe früher allzuoft beobachtet, wie er sich gegenüber dem Personal seiner Abteilung als Diktator aufspielte.

*Rue Buffon, 13. November*
Sachs trägt einen dunkelgrünen Rollkragenpullover. Ich lächle ihm flüchtig zu, als er mir die Tür öffnet, und hole dann gleich mein Portemonnaie aus der Tasche. Da ich vergessen habe, ihm die letzte Stunde zu bezahlen, gebe ich ihm fünf Hundertfrancs-Scheine. Er legt sie in ein Schubfach und fragt

mich, ob es nicht besser wäre, wenn ich ihn monatlich bezahle ... Es sei doch auch viel einfacher für mich.

»Ja, das stimmt ... Aber ich will nicht vergessen, daß ich Sie fürs Zuhören bezahle und daß es keinen Grund gibt, von einem Feenmärchen zu träumen.«

»Das ist Ihre Art, mich auf Distanz zu halten.«

»Ja.«

*Rue Buffon, 16. November*

Ich sage Sachs, daß es mir nicht gutgeht. Er nimmt mich in seine Arme, drückt mich sanft an sich. Sein Haar ist noch feucht und klebt an seiner Stirn. Ich bleibe eine Weile so stehen und lege mich dann auf die Couch. Dabei habe ich den langen Faltenrock, den ich heute trage, um mich ausgebreitet. Jetzt schlage ich ihn etwas zurück. Er deutet meine Geste als Einladung und versucht, meinen Pullover aus dem Gürtel meines Rocks zu ziehen, aber ich wehre ihn ab. Er preßt mich so fest an sich, daß ich kaum reden kann. Ich versuche, mich zu befreien, sage ihm, mir sei zu heiß.

»Wenn ich morgens so früh komme, würde ich am liebsten zu Ihnen ins Bett schlüpfen ... Haben Sie ein eigenes Bett?«

»Ja.«

»Ist Ihre Freundin immer da?«

»Ja.«

»Wird sie nie weggehen?«

»Ich weiß nicht ...«

»Lieben Sie mich ein bißchen?«

»Ja ...«

Ich spüre flüchtig seine Lippen auf meiner Stirn.

Aber ich frage mich, ob er mir wirklich zuhört; er bleibt keinen Augenblick ruhig. Ich greife mit der Hand in seinen Hosenbund; er hält den Atem an. Doch dann ziehe ich sie hastig wieder zurück und schreie ihn fast an:

»Nein, Sie tun auch nie das, was ich will, nie kümmern Sie sich um meine Bedürfnisse. Weshalb sollte ich dann Ihre Wünsche erfüllen?« Nach einer Weile füge ich hinzu: »Ich habe mit einer Freundin über Sie gesprochen ... Wie, können Sie sich wohl denken.«

»O ja...«
»Ich habe ihr gesagt, Sie seien ein Feigling, ein Egoist...«
Er nimmt seine Finger und fängt an zu zählen:
»Eins... zwei... und weiter? Sie nehmen heut kein Blatt vor den Mund.«
»Ein Schwein... ein mieser Typ... und daß ich viele Gründe habe, an Ihnen zu zweifeln.«
»Kurz und gut, jemanden wie mich dürfte es gar nicht geben.«
Er setzt sich in seinen Sessel, raucht eine Zigarette, wird unruhig; sein steifer Schwanz in dem orangefarbenen Slip stört ihn wohl...
Daß er von der Couch aufgestanden ist, empfinde ich wie ein Verlassenwerden, und das sage ich ihm auch. Er kommt sofort zurück. Ich gebe zu, daß ich seine Nähe brauche und es mir sehr schwerfällt, das offen zu sagen. Er lächelt, es ist Zeit:
»Sie sollten sich darüber klarwerden, was Sie unter einem miesen Typen verstehen...«
Er drückt auf den Türöffner (für die nächste), reicht mir die Hand, um mir beim Aufstehen zu helfen. Ich verlasse ihn schweren Herzens. Die Nachbarn gegenüber sind einige Male am Fenster aufgetaucht. Sachs hat an seinem natürlich noch immer keine Vorhänge.

*Rue Buffon, 20. November*
Ich stehe reglos mit zaghaftem Lächeln mitten im Zimmer. Er nimmt mich in die Arme, streichelt meine Hüften, meine Scham, meine Brüste, führt meine Hand zu seinem steifen Glied...
Ich habe den Eindruck, daß er es inzwischen weniger unangenehm findet, wenn ich mein Gesicht dem seinen nähere, daß er sich weniger verkrampft, wenn meine Hände seine Wange berühren. Das Telefon läutet, er geht hinter den Schreibtisch, greift nach dem Hörer, hält aber noch immer meine Hand in der seinen. Ich nutze die Gelegenheit, mache mich von ihm los und lege mich auf die Couch. Eine ganze Weile lang sagt keiner von uns ein Wort, dann legt er sich, immer noch

stumm, neben mich. Ich murmele etwas von einem kratzenden Pullover... und ziehe den BH gleich mit aus... Er preßt meine Brüste so heftig, daß es weh tut. Dann öffnet er seine Hose, drückt meinen Nacken hinunter. Ich biete ihm meinen Mund, aber als er ihn zu tief hineinsteckt, schreie ich auf. Er gibt mich frei, streichelt mit seinem feuchten Schwanz meine Brustwarzen. Ich bin jetzt sehr erregt; er sicherlich auch, aber auf seine Art...

Er zieht sich wieder an, raucht eine Zigarette, spricht mit mir über die Vereinigung, die ich mir so sehr wünsche... Die Unterschiedlichkeit der Geschlechter... Es klingt sehr sachlich. Ich frage ihn, ob er bald mit seinem albernen Geschwätz fertig ist... Am liebsten würde ich irgendeinen Gegenstand nach ihm werfen, und das sage ich ihm auch.

»Warum?«

Ich drehe mich um; er raucht entspannt, die Beine ausgestreckt. Ich hasse ihn.

Plötzlich springe ich auf, ziehe mich an und tue so, als wolle ich gehen. Er rührt sich nicht, erinnert mich daran, daß die Stunde noch nicht zu Ende ist... Befiehlt mir, mich wieder zu setzen. Er wiederholt es noch einmal in ungewohnt strengem Ton.

Ich schreie:

»So, das wär's... Und zwar zum letztenmal...«, und werfe ihm die Geldscheine vor die Füße, die ich zitternd vor Wut gerade aus meinem Portemonnaie genommen habe. Ich laufe rasch die Treppe hinunter und schlage laut die Tür hinter mir zu. Ohne zu zögern, gehe ich durch den Garten. Ich höre, wie sich die Tür hinter mir wieder öffnet und fange auf der Straße an zu rennen, als verfolge er mich. An der nächsten Ecke schöpfe ich Atem. Es kommt mir so vor, als erwache ich aus einem Alptraum. Meine Angst ist fast unerträglich, ich kann an nichts mehr denken, ich sehe auf meine Füße hinunter, die sich bewegen, stolpere, fange an zu weinen. Die Leute beobachten mich. Dieser Neubau mir gegenüber... schwarze Löcher in der fensterlosen Fassade... Mit Schutt bedeckte Treppen... Hinauflaufen, endlich oben, der Abgrund, nur ein paar Schritte von mir entfernt... Die Erlösung... Nein, Re-

naud... Weitergehen, bis zur nächsten Bushaltestelle, mich auf die Bank setzen, ein bißchen warten... Die Busse fahren vorbei... Ich bin so müde... Hab' ich mich auch nicht in der Richtung getäuscht?
Viertel vor zwei Uhr: Ich möchte ihn gern anrufen, ihm sagen, er brauche sich nicht zu beunruhigen. Mein Notizbuch liegt offen vor mir, aber ich bringe es nicht fertig, seine Nummer zu wählen. Ich habe zu große Angst vor Sachs; ich möchte gern, daß er mich anruft... Die Zeit vergeht, inzwischen ist es zwei Uhr, ich habe noch nicht einmal den Hörer abgenommen.
Ich versuche zu verstehen, was man mir im Büro sagt, mich dafür zu interessieren, zu lesen, was es mit diesem Stapel Akten auf sich hat, die vor mir liegen und die ich einordnen soll. Ich gehe ziemlich früh aus dem Büro: Ich bin total erschöpft. Was wird bloß aus mir werden.
Ich kann den Gedanken nicht ertragen, Sachs nicht wiederzusehen, das wäre zu schrecklich für mich... Ob ich wohl fähig bin, eine Zeitlang nicht mehr zu den Therapiestunden zu gehen, bis ich nach einer Weile plötzlich feststellen würde, daß aus diesem unüberlegten Weglaufen eine echte Trennung geworden ist?

*Malakoff, 21. November*
Ein trauriger Mittwoch. Renaud möchte gern in die Eissporthalle gehen. Ich habe keine Lust, ihn zu begleiten. Er will seinen Vater anrufen, erreicht ihn aber nicht. Anschließend gelingt es ihm doch, mich zu überreden. Aber er will unbedingt, daß ich mir auch Schlittschuhe leihe. Ich weigere mich: »Ich hab' das nie versucht, ich werde auf dich warten und dir zuschauen...« Er braucht eine Ewigkeit, um sich fertigzumachen. Ich habe einfach nicht die Kraft, ihn ständig daran zu erinnern, daß er sich anziehen soll... Ich laß ihn machen, räume unterdes die Wohnung auf. Endlich ist er fertig, aber jetzt will er auch noch einen Freund finden, der mitkommt. Ich erkläre kategorisch: »Nein, ich habe keine Lust mehr, auch noch die Spielgefährten für dich aufzutreiben und auf sie aufzupassen.«

Wir kommen in die Eissporthalle, und dort bin ich dazu verdammt, mich zwei Stunden lang nicht vom Rand der Eisfläche wegzurühren: Ich darf nicht einmal zur Bar gehen, ich muß immer dastehen und ihm zuschauen. Mir tut der Rücken weh, ich erfriere fast vor Kälte, meine Füße sind eisig, und ich habe starke Kopfschmerzen. Er läuft nur ganz wenig, versucht ständig irgendeine komplizierte Figur, die er aber nur in seiner Phantasie beherrscht.
Anschließend hat er noch Gesangsunterricht, aber er hat mir schon vor ein paar Tagen angedroht, daß er nicht mehr hingehen will. Ich habe einfach nicht die Energie, ihn dazu zu zwingen. Ich kann nicht mehr, ich bin so unglücklich...

*Rue Buffon, 22. November*
Er setzt sich gleich und ohne ein Wort. Ich bleibe mitten im Zimmer stehen:
»Ich habe Angst, ich möchte meinen Kopf an Ihre Schulter lehnen.«
Er steht auf, nimmt mich in seinen Arm, aber ich spüre seine fast abweisende Zurückhaltung.
»Ich dachte, Sie würden mir Vorwürfe machen...«
»Nein... Sie haben das Recht, offen und ohne Einschränkung zu sagen, was Sie empfinden.«
Ich lege mich auf die Couch, er setzt sich neben mich. Ich berühre seinen Arm. Es fällt mir nicht leicht, seinen kühlen Blick zu ertragen. Er legt sich neben mich, ich drücke mein Gesicht an seinen Pullover, er streichelt flüchtig meine Brust. Ich erzähle ihm von meiner Angst, von ihm verlassen zu werden, und daß ich es nicht einmal fertigbrachte, ihn anzurufen.
»Ich hatte mit Ihrem Anruf gerechnet.«
»Und weshalb haben Sie mich dann nicht angerufen?«
»Ich habe daran gedacht, aber es wäre Ihnen wahrscheinlich nicht recht gewesen. Sie hätten sich von mir verfolgt gefühlt.«
Ich glaube nicht, daß er wirklich daran gedacht hat. Ich beschreibe ihm meine Anfälle von Somnambulismus, meinen Drang, mich aus dem Fenster zu stürzen.

»Waren Sie sicher, daß ich heute kommen würde?«
»Ja ... zu 95 Prozent.«
Sein Glied wird steif; ich streichle ihn, frage ihn, ob er meinen Mund will. Er verneint, jedoch in fragendem Ton, sagt mir, daß ich es eigentlich bin ...
»Ich weiß nicht mehr ... Sie helfen mir wenig, meine Wünsche zu erkennen, weil ich nur dazu da bin, die Ihren zu befriedigen ...«
»Ja, das stimmt, aber ich bin der einzige, der Sie dazu bringt, sich auszusprechen.«
Er öffnet meine Bluse; ich hake meinen BH auf. Er streichelt mich; meine Brüste schmerzen. Ich will, daß er mit seinen Lippen meine Brüste berührt; er tut es, aber ich spüre seine Zurückhaltung. Ich öffne den Reißverschluß seiner Hose und streichle mit seinem feuchten Glied meine Brüste. Ich gebe ihm meinen Mund. Ich sage ihm, daß er in mich eindringen soll. Er lehnt es erneut ab.
»Aber meinen Mund akzeptieren Sie ...«
»Ja ... natürlich ... Aber ich kann mich auch leichter kontrollieren.«
»... ich möchte am liebsten weinen ...«
Er wiegt mich sanft in seinen Armen, und das tut mir gut.
»Sie wollten Ihren Vater umbringen ... Mit einem Dolch?«
»Nein, mit einer Pistole ... Mit der, die ihm die Widerstandskämpfer während des Krieges gegeben hatten ... Meinen Vater umbringen ... das bedeutete, endlich frei zu leben ...«
»Am Ende der Stunde möchten Sie am liebsten alles zerstören, mich beseitigen ...«
Als ich ihn verlasse, bekomme ich sogar einen richtigen Kuß. (Tatsächlich?)

*Rue Buffon, 27. November*
Ich halte plötzlich inne: Der kleine Alte hat gerade sein Fenster aufgemacht und beugt sich nach draußen. Sachs behauptet noch immer hartnäckig, man könne uns von drüben nicht sehen.
Ich äußere meine Zweifel.
»Es ist ein schwerer Fehler, mir nicht zu glauben ...«

Als ich gehen will, fällt mir plötzlich ein, daß ich ihn noch für zwei Stunden bezahlen muß:
»Sie sollten Ihr Geld von mir verlangen.«
»Warum?«
»Man kommt auch aus dem Warenhaus nicht heraus, ohne an der Kasse vorbeizugehen.«
Und ich füge hinzu:
»Wenn ich Sie nicht mehr bezahlen könnte, wäre es bald aus mit den Stunden...«
»Glauben Sie?«
»Und ob... nach ein oder zwei Monaten... Ich würde es schon verstehen...«

*Rue Buffon, 30. November*
»Ein älterer Analytiker wäre für mich besser gewesen...«
»Meinen Sie, er wäre Ihnen gegenüber kühl geblieben?«
»Ja, wahrscheinlich...«
»Warum?«
»Weil ein erfahrener Mann nicht das Risiko eingegangen wäre, sein sexuelles Verlangen offen zu äußern und den Erfolg der Analyse in Frage zu stellen. Sie bringen durch Ihr Verhalten alles durcheinander.«
»Sie sehnen sich nach einem väterlichen Freund.«
»Ja.«

*Rue Buffon, 4. Dezember*
»Ich habe solche Schmerzen in der Schulter.«
»Soll ich versuchen, sie Ihnen wieder einzurenken?«
»O ja... Das wäre gut!«
»Stehen Sie auf!«
Er stellt sich hinter mich, greift unter meine Schultern und streckt mich. Ich schreie vor Schmerz auf. Er bewegt meine Arme, den Hals; ich lege mich auf die Couch, und er drückt mir erst das eine Knie gegen die Brust, dann das andere.
»Geht es jetzt etwas besser?«
»Ich weiß nicht...«
Er setzt sich neben mich auf den Rand der Couch und sieht mich mit einem Lächeln an. Ich schmiege meine Wange gegen

die Innenfläche seiner Hand und erzähle ihm meinen Traum von der vergangenen Nacht: Ich habe für einen Wurf junger Kaninchen zu sorgen und vergesse, ihnen zu fressen zu geben: Sie sterben eins nach dem anderen. Ich glaube, zu diesem Traum wurde ich durch ein kleines Erlebnis angeregt, von dem meine Mutter mir erzählt hat: Sie trug ein junges Kaninchen in einen anderen Stall. Am nächsten Tag brachte das Tier mehrere Junge zur Welt; meine Mutter hatte nicht gemerkt, daß es trächtig war.

»Stell dir vor... ich hätte fast, ohne es zu merken, die Mutter von ihren Jungen getrennt, und sie wären vor Hunger gestorben...«

Diese Geschichte hat mich sehr beeindruckt: Man kann also ganz nichtsahnend für eine Tragödie verantwortlich werden... Diese armen kleinen Geschöpfe, die von uns abhängig sind und sich nicht wehren können...

»Ihre Mutter ist eine böse Mutter«, ist die Schlußfolgerung von Sachs.

»In meinem Traum war ich auch eine böse Mutter...«

Ich sehe den Nachbarn von gegenüber an seinem Fenster, wie er interessiert die Wolken betrachtet. Ich sage Sachs, daß ich in diesem Mann den wiedererkenne, der drohend den Zeigefinger gehoben hat. Er antwortet nicht.

»Wenn Sie neben mir sind, ist mein Verlangen nach Ihnen nicht so stark... Sie ziehen mich sehr viel mehr an, wenn Sie nicht da sind...«

»Die Frigidität läßt grüßen«, sagt er und lacht dabei.

Er hustet, niest, er ist immer noch erkältet, sagt, daß er fast vierzig Grad Fieber hat, und bedauert sich selbst dabei.

»Was wäre das für ein Glück, wenn Sie wirklich krank wären... Ich würde mich in Ihr Bett schleichen...«

»Ja... und was würden wir dort tun? ... Ich bin im Augenblick nicht besonders in Form...«

Er macht eine Anspielung auf die Kaninchen, denen man nachsagt, daß sie es den lieben langen Tag lang treiben.

Wir trennen uns freundschaftlich, und ich rate ihm noch: »Geben Sie gut auf sich acht.«

Als Pierre am Abend heimkommt, sieht er ziemlich mitge-

nommen aus. Ich erzähle ihm von meiner Schulter, meinem Besuch beim Arzt. Er stellt keinerlei Fragen, offenbar interessiert ihn das alles nicht. Ich erwähne meinen Ärger im Büro, mit meinem Abteilungleiter. Daraufhin fängt er mit seiner alten Leier an: Die Chefs sind alle Idioten... Er wird immer lauter und unbeherrschter. Wenn ich ihn jetzt provozieren würde, hätten wir gleich den größten Krach. Ich glaube, er hat getrunken. Als er kam, hat er sich erst mal auf der Toilette eingeschlossen. Ich weiß nichts von ihm: Trinkt er mehr, als ihm guttut?
Bei uns zu Haus rührt er keine Flasche an, aber mir kommt das nicht ganz geheuer vor. Er läßt sich aufs Sofa fallen, sieht ein paar Minuten fern, fällt dann auf die Seite und schnarcht: Es ist erst neun Uhr. Ich mache das Licht aus und gehe ins Schlafzimmer, um noch etwas zu lesen.
Ich möchte so gern ein Bett für mich allein haben.

*Malakoff, Mittwoch, 5. Dezember*
Diese ewige Angst. Renaud hängt an mir wie eine Klette. Draußen scheint die Sonne; das helle Licht fällt durch die Vorhänge. Ich höre das gedämpfte Geräusch der Autos und ein lautes regelmäßiges Hämmern und Kreischen, irgendwo in der Nähe muß eine Baustelle sein...

*Rue Buffon, 7. Dezember*
Er nimmt mich in seinen Arm, aber ich will nur meinen Kopf an seine Schulter legen. Er ist offenbar sehr stark erregt und drückt mich heftig an sich. Ich lache:
»Welch ein hartes Brot, Analytiker zu sein! Und was für ein frustrierender Job! Aber dagegen läßt sich etwas tun, machen Sie sich doch erst mal frei.«
Er läßt seine Hose fallen, dann seinen Slip, steht mit entblößtem Glied vor mir. Nach einer Weile sagt er:
»Wir müssen jetzt aufhören, sonst komme ich noch in Ihrem Mund, und das will ich eigentlich nicht. Ich glaube, das wäre nicht gut...«

*Rue Buffon, 11. Dezember*
Er fragt mich, als ich die Treppe hinaufgehe:
»Was macht Ihre Schulter?«
Ich drehe mich um, sehe ihn an:
»Es geht besser, aber ich habe noch Schmerzen.«
Ich berühre flüchtig seine Wange mit meiner Hand, ziehe meine Jacke aus; er hat sich schon hingesetzt. Ich beuge mich über ihn, lege meinen Kopf an seine Schulter. Er streichelt meine Brüste, meine Hüften, steht auf, um mich in seine Arme zu nehmen; ich spüre seinen steifen Schwanz.
In gespielt vorwurfsvollem Ton sage ich zu ihm:
»Es tut mir nicht gut, Ihnen zu nahe zu kommen, Sie sollten es mir verbieten.«
Er entgegnet:
»Natürlich, Sie sollten das nicht tun... Kein Mann, dem Sie zu nahe kommen, könnte Ihnen widerstehen.«
Seine Worte enttäuschen mich: Soll das heißen, daß sein Verlangen nach mir weiter nichts bedeutet?
Ich erwidere:
»Ich fühle mich nicht von jedem x-beliebigen angezogen. Es gibt Männer, die mich einfach kalt lassen und deren Nähe ich nie suchen würde. Ich weiß nicht, warum. Wenn ich in Ihren Armen bin, finde ich zu den Zärtlichkeiten zurück, die ich jahrelang mit Pierre und später mit Robert austauschte. Weder zu dem einen noch zu dem anderen zog mich ein wirkliches Verlangen. Ich suchte nur Schutz in ihren Armen.«
Ich verlasse Sachs zitternd vor Kälte, als sei ich nackt.
Im Bus setze ich mich auf die hinterste Bank neben einen jungen Mann, den ich verstohlen beobachte: Kein großer Frauenheld, aber der Typ Mann, den ich mag. Er schaut auch zu mir hinüber, aber als sein Blick dem meinen begegnet, dreht er sich wieder um. Ich möchte so gern, daß er mit mir spricht, mich tröstet. Seine Hand liegt auf der Bank. Ich würde ihn so gern berühren. Aber soll ich es wirklich tun? Es sitzt niemand neben uns. Ich will nicht ins Büro gehen, ich will, daß er mich ansieht, daß er mir zuhört. Seine Hand... so nah... Ich fange an zu weinen. Er sieht mich fragend an. Endstation. Er zögert, wartet vielleicht darauf, daß ich als

erste aussteige. Aber ich rühre mich nicht, und so geht er an mir vorbei, ohne sich umzudrehen. Ich muß heute so oft an meine Einsamkeit denken, und dabei steigen mir die Tränen in die Augen.
Gérard B… hat mich für morgen abend ins Kino eingeladen. Ich sage zu, ohne große Begeisterung.

*Rue Buffon, 14. Dezember*
Sachs trägt einen dünnen weißen Pullover. Ich rufe fröhlich »guten Morgen« und schmiege mich in seine Arme. Er drückt mich sanft an sich, läßt seine Hände über meinen Körper wandern, hält mich fest. Seine Freundin macht sich im Nebenzimmer zu schaffen. Ich berühre sein Gesicht, seinen Hals, greife in den Ausschnitt seines Pullovers. Er tastet nach meinen Brüsten, streicht über meine Scham. Ich möchte gern, daß er neben mir auf der Couch liegt. Er fragt mich, was ich genau will.
»Ich will bei Ihnen sein, aber Sie sollen mich nicht anfassen, das ist nicht gut.«
Es ist dunkel im Zimmer; der Nachbar geht an seinem Fenster auf und ab und scheint die Wolken zu zählen…
Ich sage zu Sachs, daß ich diesen Winter nicht in die Berge gehe, und frage ihn, ob er mich nicht während dieser Zeit besuchen kann.
»Wann ist das?«
»Während der Schulferien.«
Er antwortet nicht, drückt mich aber fest an sich.

*Rue Buffon, 18. Dezember*
Es regnet. Ich gehe beim Bäcker vorbei, um Wechselgeld zu bekommen – ich schulde ihm das Geld für drei Stunden – und um Bonbons für Renaud zu kaufen, der heute zum zweitenmal allein von der Schule nach Hause geht.
Auf dem Weg durch den Garten schaue ich hoch und bemerke hinter dem Fenster im ersten Stock eine Frauengestalt. Mir bleibt fast der Atem stehen: Ist das seine Freundin?
Sachs macht sofort das Licht aus, so daß der Raum im Halbdunkel liegt. Ich will mit ihm schlafen.

»Ich bin viel zu erregt im Augenblick, um rechtzeitig aufzuhören.«
»Sie können ruhig drin bleiben, es ist heute ungefährlich.«
Er dringt in mich ein, rasch und nicht sehr tief. Ich hätte gern gewußt, wann er gekommen ist, aber ich habe kaum etwas gespürt. Er steht gleich auf, fragt mich, ob er kurz ins Bad gehen darf. Ich ziehe mich wieder an und lege ein zusammengefaltetes Taschentuch in meinen Slip. Als er zurückkommt, stellt er sich vor mich hin und fragt:
»Kann ich mich so sehen lassen?«
»Es geht... Übrigens ist mir das egal... Warum küssen Sie mich nicht?«
»...«
»Warum küssen Sie mich nicht?« (Ich schreie jetzt fast.)
»...«
Ich erzähle ihm von einem Film, in dem Miou Miou ihren Partnern – die sich beide rechtschaffen bemühen, sie zum Orgasmus zu bringen – zuruft: »Aber weshalb küßt mich denn keiner?«
Er bleibt stumm.
»Eines Tages möchte ich im Bett liegen, das Gewicht Ihres Körpers auf mir spüren, möchte, daß Ihr Gesicht das meine berührt und Sie mich wirklich ansehen...«
Es ist Zeit, ich stehe schwerfällig auf. Als ich ihm das Geld gebe, zittere ich ein wenig. Er fragt mich fast vorwurfsvoll:
»Sie haben doch keine Angst mehr?«
»O doch... aber was soll's... Ich zahle für einen Geschlechtsverkehr, der nicht einmal zehn Minuten gedauert hat... Können Sie eigentlich eine Frau zum Orgasmus bringen?«
Er antwortet nicht und setzt eine abweisende Miene auf.
Ich möchte am liebsten weinen. Aber wenigstens spüre ich noch den ganzen Morgen lang ein angenehmes Gefühl in meinem Bauch.

*Malakoff, 19. Dezember*
Wir gehen uns in der Wohnung wegen des anhaltend schlechten Wetters gegenseitig auf die Nerven. Heute abend war jeder von uns in einem anderen Zimmer beschäftigt: Pierre saß vor seinem Schreibtisch und löste Kreuzworträtsel, Renaud vor dem Fernseher, meine Mutter im Wohnzimmer, und ich hatte mich in Renauds Zimmer hingelegt. Pierre vergräbt sich in ein hartnäckiges, feindseliges Schweigen, und ich bin krank vor Angst und Einsamkeit. Ich hab' es nicht fertiggebracht, meiner Mutter zu sagen, daß unsere Ehe nicht mehr sehr gut ist. Übrigens war das wohl gar nicht nötig, man merkt es ja auch so... Ich trage schwer an meinen einundvierzig Jahren, meine Zukunft ist ziemlich düster. Ich denke auch an Renaud, der unter unserem Zerwürfnis leidet; für ihn ist das alles nicht gut.

*Malakoff, 20. Dezember*
Renaud freut sich:
»Ich hab' zwar heut in der Schule rechts und links verwechselt, aber die Lehrerin war gar nicht böse deswegen...« Sein Zeugnis ist gut, und er ist glücklich. Er hat sich entschlossen, morgen nicht zum Mittagessen mit seiner Oma nach Hause zu kommen; in der Schule gibt es ein Weihnachtsfest und einen Tannenbaum. »Feste feiern ist was Tolles«, erklärt er und steigt auf einen Hocker, um den Tannenbaum mit einer Girlande zu schmücken.

*Malakoff, 21. Dezember*
»Sag, Mama, darf ich mir im Fernsehen ›Ivanhoe‹ ansehen?«
Er will zu mir ins Bett kommen. Ich sage nein. Er läßt nicht locker:
»Das ist energiesparend.«
»Was?«
»Ganz einfach... Ich mach' die Bettwäsche schmutzig... Die muß man dann waschen, und die Maschine... die dreht sich... und dreht sich... und verbraucht dabei Strom.«
Er sieht mich mit verschmitztem Lächeln an.

Ich kann keine Zeitung aufschlagen, ohne von Leid und Elend zu lesen: von Kindern, die sterben, von tödlichen Krankheiten, Gefängnissen und Folter, von Hungersnot... Und ich sitze hier warm und gemütlich und kann mich zu jemandem flüchten, dem ich für zweihundertfünfzig Francs die Stunde etwas von mir erzähle.

*Malakoff, 22. Dezember*
Es stürmt. Der Wind pfeift durch den Aufzugsschacht. Die Gegenwart meiner Mutter ist wie ein Messer in einer offenen Wunde. Ich gehe zu Sachs, der sich gleich neben mich auf die Couch legt, mich streichelt, meinen Mund haben will. Ich gebe seinen Wünschen nach; er drückt meinen Nacken in regelmäßigem Rhythmus zu sich hinab. Ich akzeptiere diesen Scheingeschlechtsverkehr, den er unterbricht, indem er behauptet, ich errege ihn zu sehr. Ich möchte, daß er in mich eindringt; er weigert sich, sagt, meine Ängste könnten sonst wiederkehren...
Ist das der wahre Grund?
Ich fange an zu weinen. Er steht auf, behauptet, seine Putzfrau müsse einen dringenden Brief für ihn zur Post bringen, und verläßt das Zimmer. Will er mir damit zu verstehen geben, daß ich mich täusche und es nicht seine Freundin ist, die ich so oft im Nebenzimmer höre?

*Samstag, 29. Dezember*
Wir verbringen den Abend bei den Durieux. Es fällt mir schwer, fröhlich zu erscheinen. Pierre hemmt mich. Ich muß versuchen, Renaud zu dämpfen, der außer Rand und Band ist und sich mit den anderen Kindern herumprügelt. Er geht auch Bernard auf die Nerven, der übrigens wenig redselig ist und müde zu sein scheint.

*Dienstag, 1. Januar*
Ich stehe spät auf. Dann beeilen wir uns, um nach Sceaux zu fahren, zu dem traditionellen Neujahrsessen bei den Schwiegereltern. Die Geschenke werden ausgetauscht. Dann geht es zu Tisch: Aperitif, Weißwein, Rotwein, Champagner, Kaf-

fee, Cognac, die Gläser bleiben niemals leer, dafür sorgt schon mein Schwiegervater. Um siebzehn Uhr gibt es erneut Champagner, als die Dunoyers eintreffen, die es sehr bedauern, daß sie nicht mit uns zum Abendessen bleiben können. Um neunzehn Uhr verabschieden sie sich. Ich würde gern das gleiche tun, aber meine dahingehenden Versuche sind vergeblich: Pierre wirft mir einen feindseligen Blick zu und macht keine Anstalten zu gehen. Man schenkt wieder Aperitifs ein… Und so vergeht ein ganzer Tag, untätig ist man an seinen Stuhl gefesselt. Endlich kommen wir nach Hause. Renaud fängt sofort an, die neuen Teile seiner elektrischen Eisenbahn auszuprobieren, und ich nehme ein warmes Bad, um mich zu entspannen. Ich lese noch einmal die letzten Seiten meines Tagebuchs.

*Rue Buffon, 2. Januar*
Ich wünsche ihm ein gutes neues Jahr und gehe auf ihn zu. Er nimmt mich in seine Arme, murmelt leise: »Alles Gute im neuen Jahr« und streichelt mich voller Leidenschaft. Wir sind beide stumm vor Erregung. Ich mache mich von ihm los und lege mich auf die Couch. Er streicht mir über das Haar, hält meine Hand und behauptet, ich würde das Fenster seiner Nachbarn gegenüber nur erwähnen, weil ich gerne möchte, daß er zu mir auf die Couch kommt…
»Ach so?«
Er steht auf, läßt die Jalousie herunter und legt sich zu mir. Er schiebt meinen Pullover hoch, streichelt sanft meine Brüste. Es fällt mir nicht leicht zu schreiben, was dann geschah: Er ejakulierte in meinen Mund… Dabei wollte er es gar nicht, er bat mich aufzuhören, aber ich hab' einfach weitergemacht. Diese schleimige, scharfe Flüssigkeit in meiner Kehle war übrigens alles andere als angenehm. Eigentlich hatte ich damit endlich einen Grund, ihn als Schwein zu beschimpfen und die Tür hinter mir zuzuschlagen.
Aber ich blieb wie gelähmt liegen. Er zog sich rasch wieder an und bat mich, ihm meine Gefühle zu beschreiben.
Am Nachmittag rief ich ihn an, um ihm zu sagen, daß es mir gutgehe, aber das war gelogen: Ich fühlte mich schlecht.

*Rue Buffon, 4. Januar*
Ich schaue ihn an: Er sieht schlecht aus, scheint zu frösteln.
»Was haben Sie?«
»Fieber... Grippe...«
»Schon wieder?«
Ich berühre flüchtig seine Stirn und lege mich dann auf die Couch. Ich erzähle ihm von meinen Träumen, rede eine ganze Weile, während er schweigt. Schließlich sage ich zu ihm, daß ich mich zu ihm umdrehen möchte. Er nickt, aber ich tue es doch nicht.
Er ermuntert mich:
»Kommen Sie!«
Er liegt in seinem Sessel halb ausgestreckt, die Füße auf einem Hocker und wirkt erschöpft. Ich setze mich zu ihm auf die Sessellehne, beuge mich hinunter und lehne meinen Kopf an seine Schulter. Er trägt einen weichen Pulli; ich fühle mich sehr wohl so in seinen Armen.
Er hört mir zu, lächelt hin und wieder und streicht mir über das Haar.

*Rue Buffon, 8. Januar*
»Verdammt, Sie gehen mir heute auf die Nerven.«
Ich hebe die Hand gegen ihn. Darauf war er ganz offensichtlich nicht gefaßt. Er setzt eine strenge Miene auf und befiehlt mir barsch, mich wieder hinzulegen. Ich gehorche. Diese ganze Szene ist wie einstudiert: Ich tue, was er sagt, aber er ist nicht wirklich wütend, und ich tue auch nur so, als sei ich beeindruckt. Er greift in den Ausschnitt meines Pullovers, um meine Brust zu streicheln. Ich sage zu ihm:
»Fassen Sie gern meine Brüste an?«
»Ja... Sie nicht?«
»Eigentlich... nein... Ich käme kaum auf die Idee, Ihre Brust zu streicheln.«
Ich fahre ihm mit der Hand durch das Haar und massiere seine Schläfen. Er reagiert nicht, redet von dem langen gemeinsamen Weg, der noch vor uns liegt. Ich frage ihn, welches Ziel wir haben, und er erwidert, wichtig sei nur der Weg und wie man ihn bewältige...

»Und wenn er nirgendwo hinführt?«
»Selbst wenn er nirgendwo hinführt.«
Ihn scheint das weiter nicht zu beunruhigen.
»Das ist aber hart.«
»Ja... Ich habe Ihnen nie einen Rosengarten versprochen.«
Ich küsse ihn auf den Nacken und gehe.

*Rue Buffon, 11. Januar*
Ich bin erkältet. Letzte Nacht habe ich kaum geschlafen, und es ist so kalt heute morgen... Ich lege mich sofort auf die Couch und erzähle ihm, was ich mir für den Anfang dieser Stunde ausgedacht hatte:
»Ich wollte mich gleich ausziehen und zu Ihnen sagen: ›Streicheln Sie meine Brüste, sie tun mir weh.‹«
Er fordert mich auf, genau zu beschreiben, wie und warum sie mir weh tun... Und weshalb ich nicht das tue, wozu ich Lust habe.
»Ich kann nicht.«
»Möchten Sie denn jetzt von mir gestreichelt werden?«
»Ja... vielleicht...«
»Soll ich zu Ihnen kommen?«
»Ja...«
Er macht das Licht aus, es ist sehr dunkel. Wenigstens brauche ich jetzt nicht zu fürchten, daß man uns sehen kann. Ich beklage mich, mir sei zu heiß, das Oberteil zu eng, und ziehe meinen BH aus. Er faßt nach meinen harten Brustwarzen, gibt zu, daß er sich meinen Mund wünscht, und fragt mich, ob ich das auch gern hätte.
»Nein... Ich glaube nicht, aber ich tue es gern Ihnen zuliebe...«
Er riecht gut, er steckt ihn mir tief hinein, so daß mir die Tränen in die Augen steigen, und führt meine Hand zu seinem Hintern. Ich verstehe nicht recht, was er will. Er ist sehr erregt, wartet auf mein Einverständnis, um zum Höhepunkt zu kommen, aber dann zieht er sich doch vorher zurück und sagt, es sei besser so, ich hätte es das letzte Mal nicht besonders gemocht. Er drückt mich so fest an sich, daß ich das Ende seines Satzes nicht höre. Er setzt sich wieder in seinen Sessel,

raucht eine Zigarette. Mein Rock ist ganz zerdrückt. Er lächelt, als ich mich darüber ärgere. Ich erzähle ihm einen Traum: Pierre wird von Gangstern halb totgeschlagen. Renaud ist noch ganz klein, ich habe ihn auf dem Arm und bin wie gelähmt vor Entsetzen. Ich erzähle Sachs auch, wie sehr ich mich vor meinem Abteilungsleiter fürchte, wenn er plötzlich feststellt, daß die Verträge nicht eingeordnet sind und daß bestimmte Unterlagen fehlen. Ich beschreibe ihm meine Angst; er beugt sich zu mir, drückt meine Hände, rät mir, ein Anti-Grippemittel zu nehmen, überlegt, was ich sonst noch gegen Erkältung tun könnte. Eine trübsinnige Stunde, die ihr Geld weiß Gott nicht wert ist...

*Rue Buffon, 15. Januar*
Auf dem Gartenweg streife ich im Vorübergehen eine vom Frost starre Schwertlilie; der Stengel bricht ab. Ich sage zu Sachs, wie sehr es mich anwidert, ständig auf die Dschungeltapete in seinem Sprechzimmer starren zu müssen. Ich habe die Nase voll.
Er entgegnet mir, daß er dazu da ist, mir zu helfen, diese Spannungen zu lösen. Er ist zärtlich, streichelt meinen Arm, fragt mich, ob ich diese Berührung mag.
»Nein.«

Es ist sehr kalt und sehr dunkel heute abend. Renaud ist noch nicht von der Schule zurück; er wollte noch bei Julien vorbeigehen. Das Haus ist sehr still. Es fängt an zu schneien. Ich schaue zu den Einfamilienhäusern auf der anderen Straßenseite hinüber. Ich möchte ein Haus mit einem Zimmer für mich allein. Ich möchte frei sein, zu kommen und zu gehen, wann ich will, und zu empfangen, wen ich will. Aber im Augenblick gibt es niemanden, der mich begehrenswert findet; ich bin nicht einmal sicher, ob Sachs Lust hat, mit mir zu schlafen...

*Malakoff, 25. Januar*

Seit über einer Woche habe ich nichts mehr geschrieben: Ich bin voller Angst und fühle mich völlig verloren. Ich hasse Sachs immer mehr. Ich brauche ihn gar nicht erst zu bitten, zu mir auf die Couch zu kommen; er hat sich gleich zu Anfang neben mich gelegt. Ich erinnere mich nicht mehr... ich habe mein Taschentuch gesucht, um alles auszuspucken, und mich weinend zur Wand gedreht. Er beugte sich über mich, ich habe ihn weggestoßen. Ich nahm all meinen Mut zusammen, stand auf und sagte ihm ins Gesicht, daß ich mich bei Dr. T... von der Kinderberatungsstelle, der mich zu ihm geschickt hat, über ihn beschweren würde. Niemand werde sein Verhalten gutheißen. Er murmelte etwas ähnliches wie, was sich hier zwischen uns abspielt, ginge auch nur uns etwas an. Dann fügte er in forschem Ton hinzu, ich könnte ruhig mit Dr. T... sprechen, wenn ich wollte. Als ich ging, war ich völlig niedergeschlagen und verzweifelt; ich hatte das schmerzliche Gefühl, ihn verloren zu haben, weil ich ihn ablehne.

Es ist eine schwere Zeit: Renaud läßt mir keinen Augenblick Ruhe. Mehr als einmal wollte ich Sachs anrufen, aber ich habe es nicht getan: Was könnte er mir schon sagen? Und was sollte ich ihm sagen?

*Malakoff, 30. Januar*

Robert kommt bei mir vorbei. Weinend sage ich ihm, daß ich einfach nicht weiß, was ich mit Renaud machen soll, der unausstehlich ist. Er hört mir zu, tröstet mich aber nicht.

»Hilft dir die Analyse nicht?«

»Nein, damit komme ich auch nicht besonders gut zurecht; ich habe kein Vertrauen.«

»Aber ist das Gespräch auf der Couch nicht einfacher, als wenn man einander gegenübersitzt?«

»Nein, und außerdem bin ich da nicht immer allein.«

Endlich ist es heraus. Robert ist sprachlos. Ich versuche nicht einmal, noch etwas hinzuzufügen, die Worte würden mir im Hals steckenbleiben: das Fenster ohne Vorhänge und die Nachbarn als Zuschauer, die Fellatio, sein Orgasmus in meinem Mund, es ist zu abscheulich. Ich schäme mich.

Nach drei Tagen voller Angst muß ich mir selbst eingestehen, daß ich Sachs brauche und auf keinen Fall die Analyse abbrechen kann.

*Rue Buffon, 5. Februar*

Er sitzt neben mir auf der Couch; ich lehne meinen Kopf an seine Schulter, er wiegt mich sanft in seinen Armen. Ich sage ihm, wie ich es hasse, wenn er seine Schwächen zeigt, daß ich ihn dann am liebsten umbringen würde.

»Ich bin ein menschliches Wesen, wollen Sie etwa einen Gott aus mir machen?«

»Ja, eigentlich schon...«

»Soll ich bei Ihnen bleiben?«

»Ja, aber ich will nicht, daß Sie sich dabei erregen.«

»Dann wäre es vernünftiger, wenn ich mich in meinen Sessel setzen würde.«

»Nein, bitte nicht, ich brauche Ihre Gegenwart... hier.«

Er legt sich hin, aber ich weiß, daß es ihm schwerfällt, ruhig zu bleiben. Er nimmt meine Hand und führt sie natürlich an seiner Hüfte entlang. Ich frage ihn:

»Sind Sie wirklich nicht erregt?«

»Nein. Sehen Sie selbst.«

Er läßt mich sein Glied fühlen. Und o Wunder: es ist nicht steif.

»Ist es Ihnen so lieber?«

»Ja...« Aber nachdem ich kurz überlegt habe, füge ich hinzu: »Das heißt... ich mag es, wenn Sie mich begehren...«

»Nichts einfacher als das«, sagt er und führt wieder meine Hand.

Ich protestiere.

»Sie manipulieren mich. Haben Sie meinen Mund wirklich so gern?«

»Ihre Hand auch.«

Er macht seine Hose auf, sagt, daß er meinen Mund lieber nicht will, um mich nicht zu beunruhigen... Ich frage mich, ob seine körperliche Nähe nicht doch gut für mich ist. Könnte ich zusätzlich zu meinen Schwierigkeiten mit Renaud

und der Einsamkeit mit Pierre auch noch die Frustration in meinen Analysestunden ertragen? Er pflichtet mir bei: Trotz der »Fehlschläge in unserer Beziehung« glaubt er, daß es so am besten ist.
Er läßt mich jetzt allein auf der Couch. Wie schon oft, rede ich mit ihm über die kurze Zeit und meine Schwierigkeiten mit dem Ende der Stunde. Dann verstumme ich und denke an das, was vorhin zwischen uns vorgefallen ist: Es gelang mir, ihn auf der Couch festzuhalten, und ich hab' mich der Länge nach auf ihn gelegt. Sein Gesicht war ganz nah an dem meinen. Er versuchte ein paarmal, sich loszumachen, aber ich brachte es immer wieder fertig, ihn zurück auf die Kissen zu drücken, um in aller Ruhe sein Gesicht, seine Augen zu betrachten. Ich verstärkte meinen Griff noch etwas, beugte mich über ihn und küßte ihn flüchtig auf den Hals. Er verkrampfte sich zusehends, bäumte sich auf, aber ich gab ihm keine Gelegenheit, sich mir zu entziehen.
Warum akzeptiert er es nicht, wenn ich ihn küsse?
Warum erträgt er es nicht, wenn ich mich auf ihn lege, in einer durchaus normalen Stellung?
Warum weicht er mir immer aus?
Ich will es endlich wissen, lasse nicht locker, aber er gibt mir nur eine vage Antwort:
»Es ist besser so...«
Ich frage ihn, ob er eines Tages zu mir kommen wird, ob er sich das wünscht?
»Ja... Und Sie?«
Ich erwidere:
»Ja, ich möchte es schon, aber ich glaube, es wird nicht gerade leicht für mich sein.«
»Lassen Sie uns ein andermal darüber reden... Wir haben ja Zeit...«
Ich sage, daß ich ihn ganz einfach für mich haben möchte, außerhalb dieser abgezählten Minuten.
Ich stehe auf; er sitzt entspannt in seinem Sessel. Ich hocke mich auf die Lehne, sehe ihn an und sage leise, daß ich ihn liebe. Er nickt. Ich beschreibe ihm auch meinen Haß, der ebenso echt ist wie meine Liebe und den er als ambivalente

Haltung auslegt. Es wird Zeit. Ich wage es nicht, ihn zu bitten, mich in die Arme zu nehmen, um mir den Schritt über die Schwelle zu erleichtern. Unten an der Treppe, vor der schon geöffneten Tür, hebe ich leicht die Hand; er erwidert meine Geste eher beiläufig. Ich berühre flüchtig seine Wange mit meinen Fingerspitzen und gehe hinaus.

*Freitag, 8. Februar*

Ein harter Tag. Ich verlasse Sachs; die Angst läßt mich nicht los, und meine Beine sind wie aus Watte. Ich kann keinen Schritt mehr gehen, am liebsten würde ich mich irgendwo verstecken. Einen Augenblick lang überlege ich mir, ob ich umkehren und an seine Tür hämmern oder ihn vielleicht anrufen soll... Nein, ich muß vernünftig sein. Gleich wird die nächste Patientin kommen, es ist alles so schwierig. Ich möchte mich irgendwo hinsetzen, aber wohin? Auf das kleine Mäuerchen vor dem Hochhaus? Nein, auch dort kann ich mich nicht sicher fühlen. Ich muß einfach weitergehen. Warum all diese Ängste? Wahrscheinlich hat mit dazu beigetragen, daß ich die Zeit vergessen und das Ende dieser Stunde wie eine Hinrichtung empfunden habe. Dabei war es eine sinnlose, eine überflüssige Stunde. Ich biete ihm meinen Mund – wir werden unterbrochen: Das Telefon läutet. Mir wäre es lieber, wenn er in seinem Sessel bliebe. Die Situation ist nicht so einfach: Ich brauche seine körperliche Nähe, ich möchte mich in seinen Armen sicher fühlen, aber ich will nicht, daß er dabei erregt ist. Als ich ihm sage, daß mir schrecklich kalt ist, reagiert er mehr als eindeutig. Es wird mir nichts anderes übrigbleiben, als ihm zu verbieten, sich auf die Couch zu legen. Es geht nicht anders, wenn ich weiterkommen und Fortschritte machen möchte. Ich bin wirklich in einem schrecklichen Zwiespalt: Ich brauche seine Arme, um zu reden, aber dann werde ich mit seinen sexuellen Wünschen konfrontiert, und die Stunde bringt überhaupt nichts mehr. Er muß einfach in Zukunft darauf verzichten, mir zu nahe zu kommen. Dabei brauche ich in all der Einsamkeit und Verlassenheit, die ich bei Pierre und Renaud empfinde, auch die Zärtlichkeit, die er mir gibt.

*Malakoff, 13. Februar*
Dieser Mittwoch war ein Alptraum: Ich bin am Ende. All meine Anregungen waren vergebens. Ich schlage Renaud das Marionetten-Theater vor, er weigert sich, weil er eine bestimmte Sendung im Fernsehen nicht verpassen will. Dann verlangt er, ich soll mit ihm ins Kino gehen, um einen Zeichentrickfilm zu sehen. Den ganzen Vormittag lang geht er mir auf die Nerven. Ich lasse mich auf keine seiner abenteuerlichen Ideen ein. Das Mittagessen verläuft nicht besser: Er behauptet, das Fleisch sei nicht gut. Diese Bemerkung hat mir gerade noch gefehlt: Ich stürze mich auf ihn, schlage ihn auf den Kopf, auf den Rücken, schüttle ihn wütend und schreie, ich würde ihn umbringen. Er heult, hält schützend die Hände vors Gesicht. Er putzt sich die Nase, bekommt einen Schluckauf, wird ganz bleich und jammert, er blute aus der Nase. Ich stelle ihm einen Teller mit kaltem Braten hin, den er gestern verschmäht hat, und befehle ihm, entweder zu essen oder in sein Zimmer zu gehen. Er entschließt sich zu essen, steht dann aber plötzlich vom Tisch auf. Ich bekomme ihn gerade noch zu fassen, um ihn daran zu erinnern, daß er noch etwas Obst essen muß. Er gehorcht ohne Widerrede. Knapp eine Stunde später taucht er wieder auf und will unbedingt, daß ich ihm helfe, ein Pferdchen zu suchen: Er findet nur sieben, es müssen aber acht in seinem Spiel sein. Ich weigere mich. Da kommt er wütend auf mich zu, droht mir, meine Brille zu zertrampeln. Ich stehe auf, sehe ihn streng an, und daraufhin verschwindet er wieder. Noch vor ein paar Minuten habe ich in der Küche vor Hilflosigkeit geweint, aber auch, weil ich wegen der Prügel ein schlechtes Gewissen hatte. Manchmal hasse ich ihn so, und doch würde ich es nicht ertragen, wenn er unglücklich wäre.
Aber warum nur quält er mich derart? Was erhofft er sich davon? Noch heute morgen hat er die Einladung eines Spielgefährten abgelehnt. Je offener der Konflikt zwischen uns ist, desto beharrlicher bleibt er zu Hause. Ich bin wie gelähmt; dieses Kind frißt mich völlig auf, indem es alles ablehnt: Es lehnt ab, allein zu Hause zu bleiben, aber auch, mit mir zum Einkaufen zu gehen. Mittwochs muß ich die ganze Zeit da-

bleiben, weil er einfach nicht vom Fernseher wegzukriegen ist. Die harte Tour geht über meine Kräfte: Ich müßte den Konflikt akzeptieren und ihm meine Entscheidung aufzwingen. Dazu bin ich nicht fähig. Weshalb, weiß ich nicht.

*Rue Buffon, 15. Februar*
Im Augenblick hab' ich nicht die Kraft zu schreiben. Während der ganzen Analysestunde bin ich allein auf der Couch geblieben. Ich finde Sachs sehr zurückhaltend, fast feindselig. Er findet keine zärtliche Geste, und meine abweisende Miene bewegt ihn wohl dazu, in seinem Sessel zu bleiben. Das ist jetzt schon die zweite Stunde, in der ich seine Nähe vermeide, aber es fällt mir sehr schwer. Hat er Sehnsucht nach mir?
Ich erzähle ihm einen Alptraum: Eine ganze Woche lang vergesse ich, einem kleinen Hund zu fressen zu geben, für den ich sorgen sollte.
Sachs fragt:
»Eine Woche: Das ist die Zeit meiner Abwesenheit Ende Februar.«
Ich frage ihn:
»Bin ich etwa dieser verhungerte Hund?«
Er gibt keine Antwort.
In meinem Traum fand ich den kleinen Hund sterbend im Stall. Ich gab ihm zu trinken, und er überlebte.
Ich wiederhole meine Frage:
»Werden Sie mich während der Schulferien besuchen?« Er fordert mich auf, ihm mehr darüber zu sagen.
»Ich kann nicht, ich habe Angst, daß Sie mir einen Korb geben... Ich möchte, daß Sie mir gleich antworten.«
Er dagegen fängt an, über meinen Wunsch, ihn zu »kontrollieren«, zu sprechen... Ich korrigiere ihn:
»Es ist eher der Wunsch, Sie kennenzulernen...«
Ich wälze in meinem Kopf dieses Wort »kontrollieren« hin und her, ohne recht seinen Sinn zu begreifen. Ich frage mich manchmal, ob Sachs nicht absichtlich etwas abwegige Worte benutzt, damit ich frei ihren Sinn verändern kann. Ich will wirklich wissen, welche Art Mensch er ist, und deshalb bitte ich ihn, zu mir zu kommen. Ob er mich dann küßt? Was

sucht er eigentlich bei mir? Er wiederholt, er habe nicht »nein« gesagt; aber das Ganze ist ziemlich kompliziert. Es gibt jede Menge Hindernisse. Ich leide im Augenblick unter einer Vaginalinfektion und warte auf das Ergebnis des Abstrichs; danach muß ich mit dem Anfang meiner Periode rechnen. Abgesehen davon scheint er nicht über viel Zeit zu verfügen (zumindest behauptet er das). Aber vor allem: wünsche ich mir diesen Besuch wirklich? Ich glaube nicht.
Was mir am liebsten wäre: daß er mich tröstet, weil er nicht gekommen ist.

*Malakoff, 16. Februar*
Gestern abend ist Renaud zu mir ins Bett gekrochen und dann eingeschlafen. Als Pierre nach Hause kam, hat er ihn nicht mehr in sein Zimmer zurückgetragen, obwohl er das sonst immer macht. Renaud schlang seine Arme um mich und sagte:
»Wir werden beide heiraten.«
Ich entgegnete ihm, das sei nicht erlaubt, so etwas hieße Inzest...
Er rief:
»Ist mir ganz egal, ich kenne einen Jungen aus der Schule, der seine Mutter geheiratet hat.«
Renauds Heiterkeit, Renauds Lächeln. Renaud zusammen mit seinen Spielgefährten. Renaud, der ganz stolz aus der Schule kommt. Ich darf dieses glückliche Gesicht nicht vergessen. Ich muß leben, damit er erwachsen werden kann. Aber manchmal fehlt mir der Mut dazu.

*Rue Buffon, 19. Februar*
»Kommen Sie zu mir?«
Er antwortet nicht sofort.
Ich möchte ihn am liebsten umbringen.
Endlich entschließt er sich zu reden:
»Ich will Ihnen nicht als Medikament dienen. Sie wollen keine richtige Beziehung. Sie haben Robert, Pierre und Renaud nur benutzt, um eine Leere auszufüllen, einen Mangel auszugleichen.«

Ich kauere mich auf der Couch zusammen, lege den Kopf auf die Knie. Nein, nicht Renaud! Ich kann das nicht hören! Ich möchte am liebsten sterben...
Er fragt mich:
»Gegen wen?«
Ich verstehe seine Frage nicht. Der Schmerz überfällt mich in Wellen, die Angst verläßt mich nicht mehr. Ohne einen Blick auf ihn laufe ich kopflos und verstört auf die Straße. Es ist kriminell.
Habe ich mir Renaud gewünscht, um einen Mangel auszugleichen? Leidet er vielleicht darunter? Aber was ist dann meine Gegenwart an seiner Seite noch wert?

*Malakoff, Sonntagabend*
Ich habe Glück gehabt an diesem Wochenende. Freitag abend konnte ich Monique am Telefon erreichen. Ich bin mit ihr zum Bäcker gegangen. Und ich rede – das tut mir gut. Sie sieht die Dinge leidenschaftslos und vernünftig. Ich erzähle ihr allerdings nicht alles: ich verschweige ihr, daß ich manchmal nicht allein bei Sachs auf der Couch liege. Sie meint:
»Er ist schließlich auch nur ein Mensch, er kann sich in seinen Interpretationen irren...«
Ich habe auch Simone getroffen. Wir haben zusammen Mittag gegessen, und sie hat mich für den nächsten Abend ins Kino eingeladen. Samstag bin ich am späten Vormittag zum Saint-Pierre-Markt gegangen. Die vielen Stoffe, die vielen Farben, die vielen Menschen... Auf dem kleinen Platz unterhalb von Sacré-Cœur hab' ich ein Sandwich gegessen. Ich denke nicht. Ich zwinge mich zu gehen, versuche, die Sonne auf meinem Gesicht zu genießen. Boulevard Saint-Germain, Rue du Four, Rue de Rennes: Mit einem Stadtplan von Paris in der Hand laufe ich durch die Gegend.
Die Nächte sind hart. Ich wache auf, und die Angst überwältigt mich. Nachts bin ich allein, niemand kann mir helfen. Und wenn ich mich aus dem Fenster stürze?
Um nicht einem plötzlichen Drang nachzugeben, stelle ich mir vor, ich sei an mein Bett gefesselt. Nach einer Weile nehme ich doch noch ein Beruhigungsmittel, lasse das Licht

an und, gegen die Kissen gelehnt, warte ich, daß der Schlaf kommt.
Ich habe Renauds Foto auf meinen Nachtisch gestellt. Und ich vergesse nicht, daß er mit seinem Vater auf den verschneiten Skipisten der Alpen glücklich ist.

*Malakoff, 22. Februar*
Heute morgen bin ich nicht zu ihm gegangen. Ich bin im Bett geblieben, habe meinen Rock genäht. Ich rufe Robert an, der versuchen will, heute abend bei mir reinzuschauen. Ich komme zu spät zur Arbeit. Als ich im Büro allein bin, gerate ich plötzlich in Panik. Ich habe Angst vor dem Fenster, ich bin ganz außer mir. Das Telefon...
Sachs:
»Ich kann jetzt nicht mit Ihnen sprechen, ich habe einen Patienten. Rufen Sie mich zwischen Viertel vor drei und drei Uhr heute nachmittag an.«
Das tue ich auch; mein Zustand hat sich nicht gebessert.
»Warum sind Sie heute morgen nicht gekommen?«
»Ich dachte, wenn ich nicht käme, wäre das besser für mich. Das Wochenende über hat mir dieser Entschluß sehr geholfen, aber heute geht es mir ziemlich schlecht.«
»Nun ja. Ich erwarte Sie also am Dienstag.«
»Kann ich nicht vorher kommen?«
»Ich habe keine einzige freie Minute.«
»Nur für kurze Zeit...«
»Nein. Wir sehen uns Dienstag.«

*Malakoff, 23. Februar*
Renaud ist am Telefon:
»Ich mache schon große Abfahrten... Die ganz steil sind... Die Skilehrerin ist sehr lieb... Wir waren dreitausend Meter hoch und sind eine rote Piste gefahren...«
Ich wische mir die Tränen ab, bemühe mich, meine Stimme zu beherrschen, stelle ihm Fragen. Aber er hat es eilig und unterbricht unser Gespräch:
»Auf Wiedersehen, Mama.«

*Rue Buffon, 26. Februar*

Er will genau wissen, weshalb ich Dienstag nicht gekommen bin.

»Um Sie zu beunruhigen, aber auch, um mich zu schützen.«

Er behauptet, der Grund sei, daß wir uns sonst vielleicht außerhalb seines Sprechzimmers verabredet hätten.

Ich bin empört über sein Verhalten:

»Sie haben den Plan immer und immer wieder verschoben: Vor den Ferien war es zu gefährlich für mich... Danach konnten Sie nicht, weil Sie bei ihrem kranken Onkel wachen mußten... Dann, letzte Woche, lehnten Sie es ab, weil Sie für mich kein Medikament sein wollten...« Tränen ersticken meine Stimme:

»Nie werde ich Ihnen das Leid vergessen, zu dem Sie mich in meiner Einsamkeit verdammt haben. Ich habe kein Vertrauen mehr zu Ihnen... Ich finde, Ihre Weigerung war einfach sadistisch... Noch in der letzten Stunde haben Sie mir versprochen: ›Ich sage nicht nein.‹... Warum tun Sie das?«

Er antwortet nicht.

»Ich werde Dr. T... von der Kinderberatungsstelle einen Brief schreiben, um ihm zu erzählen, was hier vor sich geht, aber ich brauche Ihr Einverständnis dazu, sonst wird er es wahrscheinlich nicht zur Kenntnis nehmen.«

»Nein, ich denke nicht daran, mit jemandem zu reden, ich bin an das ärztliche Berufsgeheimnis gebunden. Warten Sie, bis ich aus dem Urlaub zurückkomme...«

»Nein.«

Er steht auf, es ist Zeit. Ich bitte ihn, mich in den Arm zu nehmen, aber er reagiert nicht darauf.

*Malakoff, am selben Tag*

Renaud ist da, er hat einen ziemlichen Sonnenbrand auf Nase und Lippen, und auch der Rest des Gesichts ist etwas rot. Ich umarme Pierre, sage ihm, wie gut er aussieht, und kümmere mich dann um Renaud, der irgendwie eingeschüchtert wirkt. Aber er zeigt mir voller Stolz die drei Skisterne auf seinem Pullover. Ich erkundige mich, wie alles war. Er antwortet zer-

streut: Seine einzige Sorge ist, ob er sich heute abend im Fernsehen einen Krimi ansehen darf, der nach dem Abendessen kommt. Ich sage nein. Der Frieden hat nicht lang gedauert. Knapp zehn Minuten, nachdem er zur Tür hereingekommen ist, fängt der Streit wieder an. Ich erkläre Renaud, das sei kein Film für ihn, aber er könne statt dessen »Das Leben der Tiere« anschauen. Er erhebt ein großes Geschrei, plötzlich bin ich wieder die »Böse«...
Abends will er nichts essen; ich bin mit den Nerven am Ende. Er besteht darauf, wenigstens den Anfang des Films sehen zu dürfen: Ich stelle fest, daß es ein Film mit Untertiteln ist, und gebe nach. Schon nach ein paar Minuten will er auf eine amerikanische Serie umschalten, und es gibt wieder Auseinandersetzungen. Pierre macht den Apparat aus. Dann gibt es noch einen Kampf, bis ich Renaud glücklich in der Badewanne habe. Ich setze mich neben ihn auf den Wannenrand und lasse mir von ihm die Gedichte aufsagen, die er morgen können muß. Endlich ein Augenblick der Wiedersehensfreude. Ich warte, bis er eingeschlafen ist, um sein Gesicht mit Wundsalbe zu behandeln. Ich sehe zu ihm hinunter. Es hat sich nichts geändert... Ich bin schon wieder erschöpft... Meine Ängste sind so groß, daß ich ohne Beruhigungsmittel nicht auskomme. Ich habe ziemlich abgenommen und fürchte, wieder in meine Depressionen zu fallen.

*Malakoff, 27. Februar*
Mittwoch: Ich habe kaum Kraft, um zu schreiben... Und fast nichts zu sagen... Heute war wieder ein schwerer Tag. Ich hab' es nicht fertiggebracht, daß Renaud sich rechtzeitig anzog, um seine Bücher in den Club zurückzubringen. Der Mittwoch ist der Tag, den ich am meisten fürchte, weil er mich dann regelrecht tyrannisiert. Manchmal überkommt mich Todessehnsucht.
Der einzige Augenblick der Entspannung: Ich treffe mich mit Monique am Bahnhof zu einem Kaffee. Sie versucht, das Ganze positiv zu sehen:
»Wenn du die Analyse abbrichst, wirst du später merken, daß dir diese Erfahrung trotz allem etwas gebracht hat...«

*Rue Buffon, 29. Februar*

Ich bitte Sachs um ein Rezept für meine Beruhigungsmittel. Er kramt eine Weile in seinem Schubfach und findet schließlich ein Rezept mit seiner alten Adresse, das er mir ausschreibt. Er fordert mich auf, mich hinzulegen:

»Es ist für Sie besser so...«

Als ich nicht reagiere, wiederholt er seine Worte. Ich frage ihn, wie schon oft:

»Bin ich analysierbar?«

»Bei mir ja, bei anderen, das kann ich nicht sagen.«

»Aber es gibt dafür doch Kriterien?«

»Wenn es welche gibt, so kenne ich sie nicht...«

»Ich habe kein Vertrauen mehr mit Ihnen.«

Er wirft sofort ein:

»Mit mir?«

»Zu Ihnen...«

»Das ist nicht das gleiche.«

»Doch...«

»Nein, und das wissen Sie auch... Sie werden mir jetzt wieder sagen, das sei nur Intellektuellengeschwätz...«

Etwas gereizt widerspreche ich:

»Ich hab' mich nur versprochen, das ist alles.«

Ich möchte gern zu ihm kommen. Er rührt sich nicht, sagt, es sei ein Widerspruch, wenn ich einerseits die Analyse abbrechen wolle und andererseits seine Nähe suche.

*Rue Buffon, 4. März*

Als er mir die Bescheinigung für die Krankenkasse gibt, frage ich ihn, ob er auch die Stunde aufgeschrieben hat, die ich versäumt habe...

»Das kann schon sein.«

Ich erwidere in leicht verächtlichem Ton:

»Sie bescheinigen also etwas, das gar nicht stattgefunden hat?«

Er behauptet, er sei gezwungen, zwei Behandlungen pro Woche durchzuführen. Ich entgegne daraufhin boshaft:

»Ach nein, gehört die Krankenkasse auch zu Ihren Patienten?...«

Ich weiß, daß ich ungerecht bin: Denn entweder schreibt er mir diese Bescheinigung aus und ich werfe ihm seine Unehrlichkeit vor, oder er tut es nicht, und dann kostet mich die Behandlung zweihundertfünfzig Francs.
Er geht nicht weiter darauf ein.
Ich erzähle ihm von meinen Schwierigkeiten mit Renaud. Er entgegnet:
»Diese Schwierigkeiten halten Sie gewissermaßen aufrecht.«
»Machen Sie Urlaub in den Bergen?«
»Ja.«
»Fahren Sie gern Ski?«
Er zuckt mit den Schultern.
Im Hinausgehen rufe ich ihm zu:
»Erholen Sie sich gut.«
Das ist alles. Etwas verloren stehe ich auf der Straße. Ich habe ihn heute vielleicht zum letztenmal gesehen...

*Malakoff, 7. März*
Ein tristes Wochenende. Ich bastle in Renauds Zimmer: Ich möchte gern das Kopfende von seinem Bett mit Stoff überziehen. Er behauptet, es gefiele ihm nicht, versucht, die Schachtel mit meinen Polsternägeln umzuwerfen. Er geht in die Küche und sucht die Keksdose. Ich schimpfe ihn aus, eher im Spaß: Ich hab' es nicht gern, wenn er zwischen den Mahlzeiten nascht. Aber das Ganze endet damit, daß er mit den Fäusten nach mir schlägt, und zwar mit ganzer Kraft, um mir weh zu tun. Dann gibt es Tränen: Jetzt habe ich ihm weh getan. Er ist wirklich sehr aggressiv. Ständig verlangt er nach seinem Vater.

*Montag, 10. März*
Diese entsetzliche Nervosität. Ich bin viel zu früh da. Ich wußte nicht genau, wo die Avenue de Breteuil ist. Ich laufe am Invalidendom vorbei, setze mich halb erfroren auf eine Bank. Es ist ein älteres Mehrfamilienhaus, sein Name steht unter mehreren anderen auf dem Klingelschild – übrigens ohne einen Hinweis darauf, daß er Psychoanalytiker ist. Eine

alte Dame öffnet mir, bittet mich, im Wartezimmer Platz zu nehmen. Ich höre Stimmen und Schritte. Auf dem Tisch liegt ein Kärtchen, auf dem die Urlaubsdaten angegeben sind. Endlich kommt er... Er ist klein... Sein Gesicht... »ohne besondere Kennzeichen«... Er führt mich in ein großes Zimmer. Ich weiß nicht, wo ich mich hinsetzen soll... Er ist ebenso schweigsam wie ich. Dann erwähnt er den Namen von Madame B...

»Sie waren bei ihr in Behandlung? Eine Analyse?«

»Ja.«

Weinend erzähle ich ihm von meinen Schwierigkeiten mit Renaud... Daß Dr. T... von der Kinderberatungsstelle mir geraten hat, mich noch einmal einer Analyse zu unterziehen, und mir Sachs empfahl. Ich erwähne zwar seinen Namen nicht, spreche aber von meinen Zweifeln, meiner Angst aufgrund seines Verhaltens. Daß ich mich so hilflos fühle.

Er sagt nichts weiter.

Ich erwähne die Fellatio, das Fenster ohne Vorhänge, den neugierigen Blick der Nachbarn, seine Weigerung, mich zu küssen... meine Bitterkeit. Es hat schon vor einer ganzen Weile geläutet. Ich weiß nicht mehr so recht, was ich eigentlich von ihm will.

Er schlägt mir einen Termin am nächsten Montag vor. Erschöpft und erleichtert verlasse ich ihn. Ich habe durch diesen Besuch vielleicht für immer jene schlanke Gestalt im Türrahmen verloren, sein erwartungsvolles Gesicht und die Schritte durch den Gartenweg, die mich zu ihm brachten, vorbei an den Schwertlilien und den Sträuchern, seinen ersten fragenden Blick vor jeder Stunde, die so sehr ersehnte Zärtlichkeit. Mir ist ganz weh ums Herz, und ich bedaure diesen Besuch schon.

*Malakoff, 12. März*

Gestern ist Renaud mit Pierre Schlittschuh laufen gegangen. Es ist immer das gleiche: Er will weder seinen Anorak anziehen noch eine Mütze aufsetzen, besteht darauf, einen Spielgefährten mitzunehmen, um den er sich dann den ganzen Abend lang nicht kümmert. Außerdem kann er anschließend

nie einschlafen. Noch nach Mitternacht höre ich, wie er pfeift, mit sich selbst redet, sich hin und her wälzt. Seit einiger Zeit läuft er ständig durch die Wohnung, indem er die Füße hinter sich herzieht, als hätte er Schlittschuhe an: Ich fürchte, seine Socken werden das nicht lange aushalten. Ich muß heute morgen auf den Markt gehen. Seine Lehrerin hat ihm gesagt, daß er eine Turnhose braucht. Ich schlage ihm vor, das allein zu erledigen, dann kann er noch ein bißchen im Bett bleiben und lesen, aber er will lieber mitkommen... Er besteht darauf, daß wir in Paris auf den Markt gehen, was gar keinen Zweck hat, weil es dort keine Kleidung gibt. Der Vormittag vergeht; dauernd mahne ich ihn, sich anzuziehen. Da geht er zur Wohnungstür, schließt sie ab und versteckt den Schlüssel. Als er endlich fertig ist, wirft er ihn auf den Boden. Ich sage ihm, daß er zur Strafe am nächsten Dienstag nicht Schlittschuh laufen darf. Er antwortet mir, das sei ihm ganz egal: Sein Vater habe ihm versprochen, am Samstag hinzugehen und Patrick mitzunehmen. Er hat inzwischen begriffen, wie die Dinge zwischen Pierre und mir stehen. Wenn er zu seiner Großmutter geht, weiß er immer als erster Bescheid, und er hat gemerkt, daß Pierre mir erst etwas davon sagt, wenn sie gerade gehen wollen. Drohe ich ihm eine Strafe an, so wird sie regelmäßig durch die Pläne durchkreuzt, die er offenbar mit seinem Vater ausgehandelt hat. Wahrscheinlich übertreibt er manchmal auch ein bißchen...
Pierre ist dabei, liest Zeitung, löst Kreuzworträtsel, ist da und auch nicht da. Schweigt.

*Malakoff, 14. März*
Seit einiger Zeit muß ich mit Renaud einen regelrechten Kampf ausfechten, damit er zur Kinderberatungsstelle geht. Er ist so verändert. Früher brauchte ich nur an der Tür zum Klassenzimmer aufzutauchen – er zwang mich immer, schon eine Viertelstunde früher zu kommen –, und schon packte er seine Hefte in den Ranzen, froh, noch vor den anderen die Schule verlassen zu können. Heute störe ich ihn meist: Er unterbricht seine Arbeit nur widerwillig, dreht sich manch-

mal um und wirft noch einen letzten Blick ins Klassenzimmer. Die Psychologin, Frau D..., hat mir übrigens gesagt, er habe kaum noch Probleme, weder in der Schule noch mit mir... Ich wage ihr nicht zu sagen, wie schwierig meine Beziehung zu ihm noch immer ist.
Drei Jahre geht er jetzt schon zu ihr. Schön, ich gebe nach, er soll jetzt aufhören...

*Avenue de Breteuil, 17. März*
Ich sitze diesem Unbekannten gegenüber, der mich beobachtet, und rede, rede. Ich versuche, Sachs zu verteidigen, aber ich merke rasch, daß mir die Argumente fehlen. Er antwortet ruhig, kühl und analysierend:
»Gelegentlich sind die jungen Analytiker mit sich selbst nicht ganz im reinen... Behalten Sie ihn doch als Liebhaber, aber die Analyse, das ist etwas anderes... Sie wissen genug, um sich zu entscheiden... Und Sie hatten acht Tage Zeit, um nachzudenken...«
Ich schulde ihm dreihundert Francs. Er schlägt mir nicht vor, ihn wieder aufzusuchen.
Am Abend überfällt mich die Angst. Und doch bin ich vernünftig genug, um mir zu sagen, daß ich Sachs nicht wiedersehen sollte. Dadurch, daß ich einmal ausgesprochen habe, was sich zwischen Sachs und mir abspielt, habe ich klarer erkannt, was für ein Zerrbild einer Analyse das eigentlich war. Ich habe durch Sachs eine ganze Menge Zeit verloren. Und wieviel Geld ist da verschwendet worden!

*Malakoff, 20. März*
Ich warte voller Ungeduld, daß Pierre geht, um telefonieren zu können. Ich rufe den Analytiker aus der Avenue de Breteuil an. Er antwortet in aller Ruhe auf mein Gestotter.
»Ich bin entschlossen, diese Beziehung abzubrechen, aber allein bring' ich es nicht fertig, ich brauche dabei Hilfe...«
»Haben Sie vor, mit mir zusammenzuarbeiten?«
»Nein... Vor Ihnen habe ich Angst...«
»Sie sollten sich mit Dr. T... von der Kinderberatungsstelle in Verbindung setzen...«

»O nein... Ich kann ihm das nicht sagen... Niemand wird mir glauben. Ihnen habe ich erzählt, was geschehen ist, Sie könnten mir doch jemanden empfehlen, der mich da herausholen kann...«
»Schön, ich will sehen, was sich machen läßt. In ein bis zwei Wochen schreibe ich Ihnen.«

*Malakoff, 21. März*
Während ihre Mutter einkaufen gegangen ist, passe ich auf Amélie auf. Es läutet: ein junger Mann, der Zeitschriften verkauft. Er will unbedingt hereinkommen, fängt an, mir von seinem Leben zu erzählen: Achtzehn Pflegefamilien... alles Bauern... Und nicht gerade verständnisvoll... Dann die Diebstähle in den Kaufhäusern, die Erziehungsanstalt... Er erzählt mir von seiner Aggressivität... Und wie sie sich äußert... Wir sprechen auch über Vergewaltigung, er findet das kein schlimmes Vergehen.
Er hatte das Bedürfnis, mit jemandem zu reden. Als er geht, sagt er mir, daß ihm jeden Tag zwei Dutzend Leute die Tür vor der Nase zuwerfen. Nur ab und zu findet er jemanden, der ihn einläßt und ihm zuhört.

*Rue Buffon, 25. März*
Sachs erwartet mich an der Tür: Er sieht erholt aus, ist braungebrannt. Ich weiß nicht mehr, wie er angezogen war. Ich will ihm nicht gleich zum Wiedersehen in die Arme fallen.
Er redet als erster:
»Wie waren diese zwei Wochen?«
»Ich habe beschlossen, die Analyse abzubrechen.« Meine Stimme klingt etwas zittrig.
»Sie wissen, was ich davon halte. Können Sie mir etwas mehr darüber sagen?«
»Ich habe kein Vertrauen mehr zu Ihnen... Sie haben Ihre Zeit vergeudet... Aber schließlich wurden Sie dafür bezahlt... Ich habe das Geld der Krankenkasse verschwendet, die nicht einmal Mittel genug hat, um den Allerärmsten zu helfen. Aber genug davon... In der letzten Zeit haben Sie mich durch Ihr Verhalten ernsthaft in Gefahr gebracht... Ich selbst hänge

nicht sehr am Leben, aber mein Sohn braucht seine Mutter.«
»Dachten Sie, es handele sich hier um einen vergnüglichen Zeitvertreib?«
Seine Leichtfertigkeit empört mich. Er fährt fort:
»Kurz und gut, Sie werfen mir einerseits vor, daß ich mich wie ein Analytiker verhalte, und andererseits, daß ich das nicht immer tue.«
»Vor allem, daß Sie das nicht immer tun.«
Ich stehe auf, ziehe meinen Regenmantel an. Er geht zur Tür; ich sage ihm, wie groß meine Angst ist. Er antwortet nicht. Er bietet mir nicht einmal seine Arme zum Trost, dieses letzte Mal.
»Meine Tür steht Ihnen immer offen.«
Er drückt mir die Hand, sieht mich ernst an.
Es ist alles zu Ende. Ich stehe auf der Straße, laufe ziellos vor mich hin, immer geradeaus, ich bin verloren. Das Schlafmittel heut nacht und dann die starke Dosis von Beruhigungsmitteln verwandeln mich in einen Automaten. Länger als eine Stunde gehe ich erschöpft und benommen in die Richtung von meinem Büro. Immer geradeaus: Ich muß aufpassen, daß ich nicht überfahren werde... Ich sterbe ein wenig.
Dann überkommt mich der Zweifel. Wer hat recht? Wem soll ich glauben? Ich kann doch nicht dieses Fenster ohne Vorhänge aus meiner Erinnerung streichen... Die Fellatio, seine Weigerung, mich außerhalb der Analysestunden zu sehen? Was für ein Mensch war er eigentlich? Was wollte er? Hat er wirklich versucht, mir zu helfen? Vermißt er mich heute?

*Malakoff, Mittwoch, 26. März*
Sachs fehlt mir. Ich spüre, ich kann das nicht durchhalten, ich möchte ihn gern anrufen, ich möchte ihn sehen. Ich bin hilflos, freudlos, ohne Zukunft, fühle mich alt, wie tot.

*Montparnasse, 27. März*
Mit klopfendem Herzen bringe ich mühsam heraus:
»Es geht mir nicht gut...«
Schweigen.
»Ich möchte Sie gern sehen...«

»Wann?«
»Ich weiß nicht... Aber morgen hätte ich doch eigentlich meine Stunde. Morgen früh?«
»Ja. Kommen Sie morgen.«
Ich danke ihm und lege auf. Seine Arme fehlen mir so sehr!...

*Rue Buffon, 28. März*
Ich ziehe mich sehr sorgfältig an: graue Hose, graues Hemd, orangefarbenes Tuch. Er macht erst im letzten Augenblick die Tür auf. Es ist wie ein Schock: Er ist braungebrannt, ich wußte gar nicht mehr, wie gutaussehend er ist. Mit einer Handbewegung fordert er mich auf, im Sessel Platz zu nehmen, aber ich bin schon in seinen Armen. Ich drücke mich an ihn. Er reagiert sofort, öffnet meine Jacke, faßt nach meinen Brüsten, streichelt mir den Hintern, öffnet meine Schenkel. Meine Tasche und die Jacke fallen auf den Boden. Es dauert nicht lange, und wir liegen nebeneinander auf der Couch. Ich möchte gern etwas sagen, aber ich kann nicht: Er hält mich zu fest in seinen Armen. Ich knöpfe sein Hemd auf, wandere mit meinem Mund über seine Brust, fasse nach seinem steifen Schwanz. Er kann sich nicht mehr beherrschen, verlangt nach mehr, nach meinem Mund, streift die Hose herunter. Ich vergesse das Fenster ohne Vorhänge. Ich weiß nicht mehr, was er will... Meine Hände auf seinem nackten Körper. Er stöhnt, seufzt, ist sehr erregt. Ich frage ihn, ob er aufhören will. Er antwortet nicht.
»Wollen Sie meinen Mund, bis zum Schluß?«
»Und Sie?«
»Ich weiß nicht. Eigentlich nicht. Aber ist es nicht zu schwer, jetzt aufzuhören?«
»Doch, ja...«
Er hält seinen Schwanz umklammert und schiebt ihn mir in rhythmischen Bewegungen in den Mund. Ich merke nicht, daß er ejakuliert, aber als er sich etwas beruhigt, spüre ich eine schleimige Flüssigkeit in meinem Mund. Ich hocke mich neben meine heruntergefallene Tasche auf den Boden, um in mein Taschentuch zu spucken. Er fragt mich, wie es mir geht.

Ich antworte nicht. Er hat sich wieder angezogen. Sitzt hinter seinem Schreibtisch. Ich gehe zu ihm, duze ihn zum erstenmal und frage ihn, was wir jetzt machen sollen. Er ist verkrampft, scheint meine Berührung nur mühsam zu ertragen.

Ich sage ihm, daß ich einen anderen Analytiker aufgesucht habe.

»Ich habe ihm alles über uns erzählt...«

Sein Gesicht erstarrt. Er will wissen, bei wem ich war...

»Das ist doch unwichtig...«

»Bei wem sind Sie gewesen?«

Er läßt nicht locker, kann sich kaum noch beherrschen.

Seelenruhig entgegne ich:

»Dr. F... aus der Avenue de Breteuil.«

Ich bekomme doch Mitleid mit ihm:

»Ich habe nicht Ihren Namen genannt...«

Er ist sichtlich erleichtert.

»Ich kenne ihn nicht persönlich.«

»Ich habe ihn gebeten, mir jemanden zu empfehlen, der mir wirklich helfen kann.«

Er sagt sofort:

»Einverstanden. Wir brechen die Analyse ab.«

»Ich will wissen, wie Sie wirklich darüber denken.«

Er wiederholt, er sei überzeugt davon, daß ich analysierbar bin, nur ich würde nicht daran glauben.

»Haben Sie denn diese ›Methode‹ schon einmal angewandt?«

»Nein.«

»Wie wollen Sie dann wissen, ob sie etwas taugt?«

Er antwortet nicht. Er will, daß ich gehe.

Ich protestiere:

»Nein. Nicht jetzt schon...«

»Das ist keine normale Analysestunde.«

»Eben, lassen Sie mich doch noch ein wenig bei Ihnen bleiben...«

Er wirkt sehr angespannt, ist ziemlich kurz angebunden, und ich glaube, er möchte mich so rasch wie möglich loswerden.

Ich lehne mich an die Wand, fühle mich sehr niedergeschlagen und sage leise und unter Tränen:
»Ich will Sie nicht verlieren... Könnten wir denn nicht...«
Er unterbricht mich unsanft:
»Ich muß erst darüber nachdenken... Rufen Sie mich Freitag an...«
»Nein, antworten Sie mir jetzt.«
»Ich muß erst nachdenken...«
Er ist sehr gereizt.
Ich halte ihn für feige. Will er nur abwarten, ob sich ein anderer findet, der mir helfen will, und daraufhin einen neuen Termin ablehnen? Oder sucht er die Zeit des ängstlichen Wartens noch zu verlängern, um meine Hilflosigkeit zu vergrößern und allein entscheiden zu können?
Ich habe Angst. Ich habe ihm zu seiner Lust verholfen, aber was habe ich dabei gewonnen?

*Malakoff, 31. März*
Ich habe mich im Badezimmer eingeschlossen, um Sachs anzurufen.
»Es geht mir schlecht, ich habe das Wochenende allein verbracht, ich habe Sie am Samstag angerufen, aber Sie waren nicht zu Hause. Ich nehme drei Antidepressiva pro Tag, ich bin sehr müde, aber meine Ängste lassen nicht nach. Ich fürchte mich vor morgen früh« – dem Tag, an dem sonst meine Analysestunde ist –, »ich bin so allein...«
»Wollen Sie, daß wir nächste Woche die Analyse fortsetzen?«
Nach einem kurzen Augenblick bitte ich ihn:
»Könnten Sie mich denn nicht morgen empfangen?«
»Das ist absolut unmöglich.«
Stimmt das? Versucht er nicht nur, mir vorzuspiegeln, meine Termine seien inzwischen nicht mehr frei? Ist es nicht nur eine Taktik, um meine Schwäche noch zu vergrößern?
Und was bedeuten dieses zermürbende Hinhalten, diese Unentschlossenheit, ob wir uns nun außerhalb der Behandlung sehen können oder nicht?
Bevor er aufhängt, schlägt er mir vor, ihn am nächsten Mor-

gen anzurufen: Bis dahin kann er mir sagen, ob er nicht doch noch einen Termin frei hat. Das ist alles.
Der Briefkasten ist leer. Immer noch keine Antwort von Dr. F... Ich rufe ihn an: Er wollte mir gerade schreiben und nennt mir zwei Adressen. Mit dem einen Analytiker hat er selbst gesprochen: Dr. G..., Rue Corvisart. Ein Stein fällt mir vom Herzen. Vielleicht kann er mir helfen?
Ich rufe ihn sofort an, um einen Termin mit ihm auszumachen: frühestens in einem Monat... Eine endlose Zeit. Ich komme mir wieder ganz verloren vor.

*Malakoff, 3. April*
Noch vor acht Uhr rufe ich Sachs an.
»Kommen Sie nächsten Dienstag«, sagt er kurz angebunden.
»Kann ich Sie nicht Freitag zur gewöhnlichen Zeit sehen?«
»Nein, das geht nicht.« Nach einer kurzen Pause fügt er hinzu: »Ein Termin pro Woche; der Freitag ist nicht mehr frei...«
Mir wird schwindlig. Er stößt mich zurück, ich bin am Ende meiner Kraft.
Aber warum sagt er mir das am Telefon? Konnte er mir nicht einfach den Dienstagstermin nennen, ohne hinzuzufügen, daß er eine Stunde streichen will? Ich bin außer mir. Diese Zurückweisung stürzt mich in bittere Verzweiflung. Er hat mir absichtlich weh getan, um seine Macht zu beweisen.
Ich bitte Robert um Hilfe. Er hört mir zu. Endlich sage ich ihm alles: was sich zwischen Sachs und mir abspielt, meine Zweifel an seiner Sachkunde, meine Unfähigkeit, mit ihm zu brechen. Er wird versuchen, so rasch wie möglich jemanden für mich zu finden.

*Malakoff, 4. April*
Ich habe die Dosis der Antidepressiva erhöht und spüre langsam die Wirkung. Ich befreie mich etwas von Sachs, aber unsere ganze Geschichte geht mir noch unablässig im Kopf herum. Ich lese mein Tagebuch, erlebe von neuem, was ich seinerzeit empfand. Die Zärtlichkeit, die ich für ihn fühlte. Es

ist vielleicht ungerecht, ihn als Schweinehund zu bezeichnen, aber er hat mir so weh getan, als er mir mitteilte, er wolle eine Stunde streichen.

*Malakoff, 6. April*
In der Nacht weint Renaud, er ist schweißgebadet und bekommt kaum Luft. Ich reagiere gereizt, habe ihn in Verdacht zu übertreiben.
»Es kratzt im Hals.«
Ich lege ihm kalte Kompressen auf die heiße Stirn, aber sie bleiben nicht lange kalt. Ich stelle eine große Wasserschüssel neben das Bett, damit ich nicht dauernd hin- und hergehen muß. Immer wieder nicke ich vor Erschöpfung ein. Am Morgen zieht Pierre sich an und macht seine Gymnastik, ohne sich auch nur im geringsten um Renauds Zustand zu kümmern. Ich messe das Fieber: 40,4 °C. Ich bin sehr besorgt, rufe Deufour an, der schon ein paar Minuten später da ist. Es ist eine Bronchitis. Ich habe keine Zeit, an mich selbst zu denken.

*Malakoff, 7. April*
Renaud klappert mit den Zähnen, wirkt völlig verstört, hat Fieberphantasien. Deufour verspricht mir, gleich zu kommen. Währenddessen ist Renaud wieder zu sich gekommen: Es war ein vorübergehender plötzlicher Fieberanfall. Ich hatte solche Angst, ich dachte, er würde sterben und ich wäre daran schuld.
Inzwischen geht es ihm bedeutend besser.

*Rue Buffon, 8. April*
Es regnet, mir ist kalt, ich bin zu früh da. Renaud wartet auf mich zu Hause; er ist allein. Sachs empfängt mich mit abweisendem Gesicht. Ich ziehe mühsam meinen Regenmantel aus und bleibe stehen. Er redet mit mir ziemlich barsch und autoritär.
»Setzen Sie sich. Ich habe Ihnen einiges zu sagen. Zunächst einmal möchte ich von Ihnen eine klare Antwort: Soll ich Ihnen helfen, ja oder nein?«

»Ja...«
»Schön, ich schlage Ihnen folgendes vor: Eine Stunde in der Woche, Dienstag um acht Uhr dreißig. Der Freitag ist nicht mehr frei. Ich verpflichte mich nicht für eine bestimmte Dauer, ich will erst mal abwarten.«
Ich protestiere:
»O nein, das ist für mich unerträglich.«
Er bittet mich, das genauer zu erklären.
»Wenn ich nicht die Dauer der Stunde kenne und wenn Sie eines Tages beschließen, sie auf fünf Minuten zu reduzieren, wäre das entsetzlich für mich.«
»Es handelt sich nicht um die Dauer einer Stunde. Ich wollte damit sagen, daß ich mich nicht für ein oder zwei Monate verpflichte, sondern daß ich darüber zu gegebener Zeit entscheide...«
Ich sage ihm, daß es mir sehr schlecht geht, daß ich den Eindruck habe, wieder depressiv zu werden, daß ich am Ende bin, ich erzähle ihm von Renauds Bronchitis, daß ich gezwungen bin, deshalb zu Hause zu bleiben, und welche Angst ich um ihn gehabt habe...
»Dachten Sie, er würde sterben?«
»Ja.«
Ich mache einen Schritt auf ihn zu. Er befiehlt mir, mich zu setzen: In Zukunft würden unsere Stunden so und nicht anders ablaufen. Ich gehe trotzdem auf ihn zu und berühre mit meinem Knie sein Bein. Ich frage ihn, ob ich so bleiben darf. Er antwortet nicht, wirft mir einen kalten Blick zu.
»Ich glaube, Sie sind homosexuell und hassen die Frauen.«
Er läßt sich nicht aus der Ruhe bringen:
»Und was denken Sie sich dabei?«
»Ich weiß nicht... Natürlich geht mich das nichts an.«
Ich setze mich auf den Rand der Couch und beuge mich zu ihm. Er verbietet es mir.
Ich lehne meinen Kopf an seine Brust. Er hat einen beigen Pullover an. Er fordert mich auf, mich wieder in den Sessel zu setzen.
»Ja, gleich, aber lassen Sie mich noch einen Augenblick bei Ihnen bleiben...« Sein »Nein« klingt wie ein Peitschenhieb.

Nach einem kurzen Augenblick des Schweigens fügt er hinzu: »In Zukunft haben Sie zweihundertachtzig Francs zu zahlen.«
Ich bin wie vor den Kopf geschlagen, stehe auf und gehe zu meinem Sessel zurück.
»Ja... Ich bin einverstanden...«
»Sollten Sie finanzielle Schwierigkeiten haben, können wir noch einmal darüber reden...«
»Wollen Sie, daß ich mich umbringe... damit Sie mich los sind?«
»Ich fühle mich nicht für eine Patientin verantwortlich, die sich nicht mehr bei mir in Behandlung befindet.«
Ich höre seine Antwort und weiß nicht, was das heißen soll. Ich höre und bin wie taub.
Ich sage ihm, daß mich niemand annehmen will, daß keiner einen freien Termin hat. Und ich frage ihn, ob er mir denn nicht jemanden empfehlen könnte...
Plötzlich verliert er die Geduld:
»Nein, davon kann keine Rede sein.«

Am Nachmittag geht es mir sehr schlecht. Ich möchte am liebsten sterben... Ein Schlafmittel, in den tiefen, eisigen Wassern eines Sees versinken... Der sanfte Tod... der endlich akzeptierte Schmerz... einen Sohn verlassen, den ich vielleicht nicht richtig geliebt habe.

*Les Prades, 12. April*
Renaud, Simone und ihre Tochter Patricia sind bei mir. Es ist ziemlich kalt; wir machen lange Spaziergänge durch die Felder. Ich habe kaum Zeit nachzudenken. Des Nachts dagegen verfolgt mich Sachs, und ich wache oft auf. Ich weiß nicht mehr, woran ich mit ihm bin. Dienstag werde ich ihn wiedersehen. Ich mache die Flügeltür auf, die zum Garten hinausführt. Die Nacht ist dunkel, es weht ein kalter Wind. In der Ferne bellt ein Hund. Ich schaue hinauf in den Sternenhimmel. Ich vermisse so sehr seine Arme...
Es ist sehr friedlich hier: Wir stricken, die Kinder streiten sich gelegentlich, meist ist Renaud daran schuld. Wenn ich mich

einmische, beschimpft er mich. Mir fällt auf, wie anders Patricia ist: Sie geht ohne Widerrede einkaufen, deckt den Tisch, Simone und ich unterhalten uns über unsere Jugendlieben, über das Dorf, das Verhalten meiner Mutter: Sie erträgt es nicht, wenn ich mit Freundinnen hier bin, und versucht jedesmal, Streit vom Zaun zu brechen.
Ich habe Halsschmerzen, bin erkältet und gehe abends mit einer Wärmflasche ins Bett. Diese Woche auf dem Land tut mir gut, und es hilft mir sehr, daß Simone bei mir ist.

*Rue Buffon, 22. April*
Sachs erwartet mich auf der Türschwelle. Als ich seinem Blick begegne, lächelt er flüchtig. Ich setze mich, stehe dann noch einmal auf, um mir die Jacke über die Schultern zu legen. Ich sage ihm, wie erschöpft ich bin und daß diese Analyse gescheitert ist:
»Was ich bei Ihnen erlebt habe, war das Zerrbild einer Analyse... Sie waren zu mir äußerst abweisend, ja sadistisch...«
Er meint, ich fühle mich ständig verfolgt...
Ich sage ihm, es sei purer Sadismus, meine Stunden zu reduzieren und dafür den Tarif zu erhöhen. Er widerspricht: Er habe nur noch einen Termin frei, und die Erhöhung entspreche der allgemeinen Preissteigerung. Ich antworte nicht, aber ich bin auch nicht überzeugt.
»Sie halten Ihr Wort nicht. Es sind immer noch keine Vorhänge am Fenster...«
»Ich hatte gesagt: ›Vielleicht.‹«
»War ich Ihnen nicht wenigstens ein paar Vorhänge wert? ...Sie haben mich in eine erniedrigende Beziehung hineingetrieben...«
Er unterbricht mich:
»Wir waren ja wohl zu zweit.«
»Ja... natürlich... aber ich habe mich nicht ganz frei gefühlt... Während der Analyse beherrscht der Arzt den Patienten.«
Er steht auf, abweisend, stumm – und immer noch anziehend. Ich sage ihm, wie groß meine Traurigkeit ist, ihn zu

verlassen, wie schwer es ist fortzugehen, daß ich von einer Stunde zur anderen, und jetzt von einer Woche zur anderen, durch eine Wüste gehe...

Ich sage ihm auch, wie gern ich in seinen Armen wäre, wie sehr mir das hilft und mich tröstet. Er warnt mich:

»Wenn Sie jetzt zu mir kommen, weckt das mein Verlangen nach Ihnen... So ist das nun einmal...«

»Nein, das will ich ja gar nicht, nur ein bißchen Zärtlichkeit. Wissen Sie überhaupt, was das ist?«

Ich stehe mitten im Raum. Er verbietet mir nicht ausdrücklich, auf ihn zuzugehen. Ich mache einen Schritt und lehne mich leicht gegen seine Schulter. Ich küsse seine Wange, streiche ihm über das Haar, den Nacken. Er drückt mich etwas fester an sich. Ich sage ihm, ich müsse sowieso gleich gehen und deshalb sei die Versuchung für ihn nicht so groß. Aber er will mir zeigen, wie erregt er schon ist. Widerwillig überzeuge ich mich davon: Es interessiert mich nicht. Er hält mich in seinen Armen, und ich danke ihm dafür.

Unter Tränen sage ich leise:

»Lieben Sie mich... ein wenig... Ich bin im Augenblick so gefährdet, seien Sie vorsichtig...«

Ich erinnere ihn daran, daß ich gehen muß. Er sagt »ja«, hält mich aber immer noch fest. Es ist ein Augenblick der Zärtlichkeit, auch der Trauer. Ich mache mich von ihm los und verlasse ihn, ohne allzusehr zu leiden. Ich bin erkältet, erschöpft, müde und weiß überhaupt nichts mehr...

*Malakoff, Sonntag, 27. April*

Es ist ein warmer Tag. Ich möchte am liebsten nur weinen. Vergebens schlage ich Renaud vor, was wir unternehmen könnten. Er besteht auf lauter unmöglichen Dingen. Angst überfällt mich: Ich spüre, wie die alten Depressionen zurückkehren. Am Abend halte ich eine Wärmflasche in meinen Armen.

Ich glaube, ich werde es nicht mehr schaffen.

*Montparnasse, 28. April*
Ein harter Tag. Ich klammere mich, so gut es geht, an meine Arbeit, versuche, mit den anderen zu reden. Aber eigentlich würde ich am liebsten aus dem Büro laufen, weil mir das Wesentliche fehlt: die menschliche Wärme. Ich schaue mich unter den Kollegen um, als wäre unter ihnen ein Partner für mich, aber natürlich gibt es niemanden, der meine Sehnsucht erfüllt. Ich wäre im übrigen unfähig, einen klaren Wunsch zu äußern. Ich spüre, daß es keinen Halt mehr gibt. Ich möchte Pierre bitten, mir zu helfen, aber bei der geringsten zärtlichen Geste von ihm würde ich vor Entsetzen schreien.
Ich fühle mich verloren. Ich weiß, daß Sachs nichts für mich tun kann. Ich leide sehr unter dem langen Abstand zwischen meinen Stunden, den ich als eine Ablehnung, einen Verlust erlebe. Ich merke genau, daß ich ihm nicht mehr alles sagen kann, was ich denke: Ich habe Angst, er zahlt es mir heim.

*Rue Buffon, 29. April*
»Soll ich zu Ihnen kommen?«
»Nein... ich weiß, was ich will, und ich will keine Sexualität. Wie können Sie so eindeutig reagieren? Sie sehen doch, daß ich nur Schutz brauche...«
»Nein, Ihre Wünsche sind nicht frei von Sexualität.«
»Doch. Aber Sie bekommen schon einen steifen Schwanz, wenn sich Ihnen eine Frau nur nähert.«
»Sie nähern sich mir nicht gerade unschuldig.«
Es ist Zeit, ich muß gehen.
Er umarmt mich flüchtig, und ich verlasse ihn.
Draußen fühle ich mich nackt und ohne Zukunft.

*Fontainebleau, 1. Mai*
Guy hat uns seinen Wohnwagen geliehen. Auf der Ablage vorn vertrocknen drei Maiglöckchen in Zellophan. Renaud kam heute morgen mit geheimnisvoller Miene und hielt eine Hand auf dem Rücken, um seinen kleinen Strauß zu verstekken. Diese kindliche Komödie macht ihm Spaß: Er liebt Überraschungen.
Der Wohnwagen ist für mich wie ein Minihäuschen. Er steht

mitten in einem Pinienwald, ein paar Schritt von einem felsigen Hügel entfernt. Für die Kinder – es sind acht, die wir bei uns haben – ist er eine große Attraktion. Ich kann übrigens mit ihnen nicht viel anfangen und versuche, sie mir eher vom Hals zu halten. Ich ärgere mich darüber, daß Renauds Verhalten für die anderen fast unerträglich ist. Zuerst wollte er unbedingt in den Wald gehen, an den Platz, wo er schon vor zwei Jahren einmal gewesen ist. Er hatte Glück, die anderen waren damit einverstanden. Dann hat er sich kunstvoll ein Seil um den Körper geschlungen, um in den Felsen herumzuklettern. Sein Vater hatte ihm beim Anseilen geholfen. Jetzt soll er jedesmal, wenn Renaud irgendwo hinaufsteigen will, die Knoten neu knüpfen. Beim fünften Mal verliert Pierre die Geduld. Renaud will unbedingt, daß man ihm bei jeder seiner Heldentaten bewundernd zuschaut, aber das Publikum wird es bald leid, obwohl er seinen ganzen Ehrgeiz dransetzt, die Aufmerksamkeit der Gruppe auf sich zu ziehen. Lautstark tut er seine Wünsche kund, unterbricht unsere Gespräche mit den Freunden.

Gestern bin ich spazierengegangen; es war ein warmer Abend. Der sandige Weg erstickte das Geräusch meiner Schritte. Ich fühlte mich wohl. Ein paar Meter von mir entfernt saßen junge Leute im Unterholz rings um ein großes Feuer. Manchmal spürte ich die flüchtige Berührung von Tieren, die ich im Vorübergehen aufschreckte. Wenn ich hinauf in den klaren Himmel schaute, entdeckte ich die knochigen Arme der noch blattlosen Eichen, im Gegensatz zu den dunklen Pinien und der lichten Silhouette der Birken, die erst vor kurzem ihre zartgrünen Blätter bekommen haben.

Ich denke an Sachs, der immer in mir gegenwärtig ist, und schiebe wieder einmal die Entscheidung über den Abbruch der Analyse hinaus. Ich stelle mir vor, daß ich ihm einen Brief schreibe und ihm darin sage, wie er sich verhalten müßte, damit ich seinen Weg verlassen und einen anderen einschlagen könnte, allein oder zusammen mit jemand anderem. Aber ich glaube, er würde es ablehnen, mir zu helfen. Dieser Brief sollte auch voller vielleicht unausgesprochener Fragen sein und diese beiden gemeinsam erlebten Jahre noch einmal zusammenfassen, die so tiefe Spuren in mir hinterlassen haben, ohne mich auch nur im geringsten zu befreien. Ich möchte ihm gern schreiben, wie ich ihn geliebt habe, wie schwer es mir gefallen ist, seine ständigen Ausreden zu akzeptieren, wie ungerecht er gewesen ist, wie er meine Liebe mit Füßen getreten hat. Und er soll offen zugeben, daß die Analyse nicht mehr nachholbar ist, wie sehr wir uns auch Mühe geben.

*Malakoff, 2. Mai*
Monique schlägt mir vor, mit meinem Strickzeug in den Hof hinunterzugehen; sie will mit ihrer ganzen Kinderschar dazukommen.
Ich habe ein neues Wachstuch für den Küchentisch gekauft und lege es auch sofort auf. Der Raum sieht gleich viel freundlicher aus. Als ich aus dem Fenster sehe, stelle ich fest, daß der Neubau Fortschritte macht... Sie sind schon beim fünften... nein, sechsten Stock... Er wirft seinen Schatten in unsere Wohnung und verdeckt uns bereits für immer die Spitze des Eiffelturms, den Turm der Backsteinkirche vom Boulevard Brune und die hohe Silhouette der Tour Montparnasse. Ein für immer entschwundener Horizont...

*Malakoff, 5. Mai*
Renaud weint, weil er glaubt, er komme zu spät zur Schule. Ständig wiederhole ich:
»Zieh dich endlich an! Hast du auch alles?...«
Aber er steht einfach da, beklagt sich über seinen weißen Rollkragenpullover, der angeblich kratzt, packt seine Schultasche nicht, vergißt seine Turnsachen. Zum Schluß zieht er in seinem Tran auch noch die Hausschuhe an... Ich muß einfach lachen.
Er heult und schnieft den ganzen Schulweg lang. Plötzlich fällt ihm ein, daß er noch nicht die Einladungen für sein Geburtstagsfest geschrieben hat.
Ich bin eine schlechte Mutter, bringe es nicht fertig, ihm zu helfen, ihn zu trösten.

*Rue Buffon, 6. Mai*
Ich lasse mich nicht von der Angst überwältigen. Gleich als ich ankomme, setze ich mich erschöpft in den Sessel, und dort bleibe ich auch. Ich sehe ihn ein wenig benommen an, nehme kaum etwas wahr. Immer wieder werfe ich ihm vor, wie wenig Verständnis er für mich hatte, wie groß meine Erbitterung ist. Und gelegentlich zitiere ich ihn: »Ich fühle mich nicht für eine Patientin verantwortlich, die sich nicht mehr bei mir in Behandlung befindet.«
Er widerspricht:
»Das habe ich nie gesagt.«
Er wird wütend. Ich lasse mich nicht davon abbringen. Er protestiert energisch. Ich flüchte mich in seine Arme, taumelnd vor Müdigkeit. Wie immer empfinde ich seine Nähe als Schutz und Trost. Ich weiß, daß der etwas aufdringliche Geruch seines Eau de Toilette den ganzen Tag an mir haften bleiben wird. Ich fasse seinen Schwanz an. Er ist sehr erregt, will, daß ich ihn streichle, und wünscht sich bestimmt auch meinen Mund. Ich wehre mich nicht gegen seine Hände auf meinem Körper. Er macht seine Hose auf, ich schüttle den Kopf, weil ich an die Zeit denke, aber schließlich umfasse ich doch seinen feuchten Schwanz mit den Lippen.
Es ist soweit, ich muß gehen. Als ich versuche, von der Couch aufzustehen, wird mir so schwindlig, daß sich alles um mich dreht. Er gibt mir die Hand, um mir zu helfen. Ich wende mich ab, nehme meine Jacke vom Sessel. Er steht hinter mir, drückt mich eng an sich; seine Hände umfassen meine Brüste, und ich spüre seinen harten Schwanz an meinem Hintern. Ich beuge meinen Kopf zurück: Seine Wange, sein Haar berühren sanft meinen Hals. Ich mag es so sehr, wenn er zärtlich ist...

*Rue Corvisart, 8. Mai*
Heute habe ich meinen Termin bei Dr. G..., den ich vor einem Monat vereinbart habe. Er ist schon älter, groß, geht etwas gebeugt und hat weißes Haar. Er lächelt mir aufmunternd zu. Ich weiß nicht mehr recht, warum ich hier bin, aber nach und nach bringe ich etwas Ordnung in meine Gedanken.

Ich rede ohne allzu große Schwierigkeiten: Ich brauche Hilfe, ich will die Beziehung zu Sachs abbrechen... Und bringe es nicht fertig... Meine Stimme fängt an zu zittern, als ich ihm von Renaud erzähle, der so krank war...
Er spricht lange mit mir über meine Auseinandersetzung mit Sachs und unseren Machtkampf... Er will mir helfen, meint, ein Gespräch mit Augenkontakt wäre wohl am besten, man werde sehen. Ab Juni habe er einen Termin in der Woche frei. Er teilt mit die Höhe seines Honorars mit; er ist Kassenarzt.
Als ich ihn verlasse, fühle ich mich erschöpft, aber auch erleichtert.

*Rue Buffon, 13. Mai*
Ich leide noch immer sehr unter dem langen Abstand zwischen meinen Stunden, den ich gewissermaßen als ein Verlassenwerden empfinde. Am Freitag ist die Angst immer am größten. Ich schaue morgens auf meinen Wecker und erinnere mich noch genau an jene Freitagvormittage, an denen ich zu meinem Termin bei Sachs ging.
Heut nachmittag hat Monique mich gefragt, ob ich nicht mit ihr Stoff einkaufen gehen möchte. Kaum sitzen wir im Auto, fängt Nicolas an zu weinen: Renaud hat irgend etwas aus dem Fenster geworfen, das Nicolas gehörte. Und obendrein streitet Renaud es hartnäckig ab, trotz der bitteren Tränen des Kleinen.
Monique erzählt mir noch viel mehr. Als wir vorhin über den Hof gegangen sind, hat Renaud Jeannes Puppe genommen, sie auf den Rasen geworfen und Jeanne noch dazu ins Gesicht geschlagen. Er macht mir Angst.
Monique ist fröhlich wie immer, nur ein bißchen schwerfällig durch ihre Schwangerschaft. Sie begeistert sich für alles: für die Tulpensträuße bei der Blumenhändlerin, die Bäume im Park von Luxembourg und das Schaufenster einer kleinen Buchhandlung, die einem älteren Ehepaar gehört.
Ich kaufe Renaud ein Spielzeugmodell der Concorde. Es ist ein schöner Nachmittag. Am Wasserbecken im Park sehen die Kinder den kleinen Segelschiffen zu. Dann will Renaud

zum Spielplatz gehen. Ich begleite ihn; Monique will noch bleiben.
Als wir zum Spielplatz kommen, ist es mit meiner Ruhe vorbei. Renaud fängt zwar gleich an, mit den anderen zu spielen, und es macht ihm auch Spaß, aber er braucht immer seine Zuschauer. Durch lauter Kunststücke, bei denen ich ganz blaß werde, versucht er auch diesmal wieder, die Aufmerksamkeit der anderen Kinder zu erregen. Er verliert jede Unbefangenheit, überfordert seine eigenen Kräfte und ist nur noch darauf bedacht, auf die anderen Eindruck zu machen. Sobald es ihm gelingt, ein Kind in seinen Bann zu ziehen, versucht er, es zu den Spielen zu überreden, zu denen er gerade Lust hat. Gelegentlich unterhält er sich auf etwas altkluge Art mit den Erwachsenen. Mich ärgert sein Verhalten, und ich möchte es ihm am liebsten verbieten, weil ich glaube, er fällt den anderen mit seinem Geschwätz auf die Nerven.

*Malakoff, 19. Mai*
Am Montag geht es mir immer gut: Es ist der Tag vor meinem Termin bei Sachs. Aber je näher die Stunde unseres Wiedersehens rückt, desto deutlicher erinnere ich mich an die alten Enttäuschungen. Ich muß einfach den Tatsachen ins Gesicht sehen. Sachs ist nichts, kann nichts und gibt mir nichts. Ich sehne mich nach Liebe, Zärtlichkeit und Anerkennung. Was ich bekomme, ist sein forderndes Verlangen, seine beruhigende Umarmung, seine unvollkommene körperliche Nähe. Ich mag den harten Druck seiner Finger auf meinen Brustwarzen.

*Rue Buffon, 20. Mai*
Heute morgen lächle ich ihm nicht zu. Unsere Blicke begegnen sich. Die niedrigen Zweige im Garten verdecken zur Hälfte seine Gestalt in der Türöffnung.
Ein ausgefülltes Patientenblatt liegt auf der Couch. Ich frage ihn, was ich ihm schuldig bin. Gehässig füge ich hinzu, daß ich wenig Lust habe, ihm sein Honorar zu zahlen, weil ich eine Erhöhung von zwanzig Prozent innerhalb von sechs

Monaten für skandalös halte. Mißmutig murmele ich vor mich hin:
»Aber ich hab' natürlich nichts zu sagen. Entweder ich halte den Mund, oder ich kann gehen...«
Er antwortet nichts.
Nach einer Weile fragt er:
»Haben Sie mit Dr. G... gesprochen?«
»Ja.«
»Sie müssen sich entscheiden: Entweder G... oder ich.«
»Ich habe mich entschieden... Aber Sie werden mir fehlen. Es mußte ja einmal so kommen... Erst letzte Woche haben Sie abgestritten, was Sie in der vorhergehenden Stunde zu mir gesagt haben.«
Zum Beweis dafür habe ich mein Tagebuch mitgebracht, aber jetzt laß ich es doch lieber bleiben, mich mit ihm darüber noch weiter auseinanderzusetzen.
Er lenkt ein.
»Wenn Sie unbedingt recht haben wollen... Sie können einem manchmal wirklich auf die Nerven gehen.«
Ich springe empört auf:
»Und Sie... haben Sie etwa kein Ohrfeigengesicht? Na?«
Am liebsten würde ich ihm eine scheuern.
Jetzt lächelt er wieder, ruhig und entspannt. Er ist braungebrannt, sieht mich mit seinen dunklen Augen an, und ich bin ganz gerührt. Er muß das wohl gemerkt haben:
»Woran denken Sie?«
Ich gebe ihm keine Antwort, sondern setze mich auf seinen Schoß. Ich versuche, mich leicht zu machen. Mein Gesicht berührt fast das seine; ich lehne meinen Kopf an seine Brust. Er tastet nach meinen Brüsten unter dem Pullover, bittet mich aber gleich darauf aufzustehen, weil er einen Wadenkrampf hat. Wir setzen uns auf die Couch. Wieder hat er Wadenkrämpfe. Ich frage mich, ob das nicht ein Vorwand ist, damit ich mich neben ihn lege, was ich denn auch tue. Er streift meinen Pulli hoch und hakt meinen BH auf. Meine Brüste sind nackt, sie tun mir weh, und ich schreie leise auf, als er sie streichelt. Er führt meine Hand zu seinem Schwanz. Jedesmal, wenn ich sie fortnehmen will, um mich an ihn zu

drücken, hält er sie fest. Er öffnet den Reißverschluß seiner Hose. Er trägt einen dunkelblauen Slip, den ich noch nicht an ihm gesehen habe. Ich weiß genau, was er will. Er beugt meinen Nacken zu sich hinunter, ich berühre mit meinen Lippen seinen nackten Bauch, seine Hüfte, die Leistenbeuge. Der Druck seiner Hand ist so stark, daß ich nicht einmal den Kopf heben kann, um sein zurückgeworfenes Gesicht zu betrachten, die geschlossenen Augen, seine regelmäßigen Züge, ihren vor Lust fast abwesenden Ausdruck. Ich liebe sein anziehendes Gesicht, sein dichtes schwarzes Haar, seine schöne gebräunte Stirn, hinter der sich nur ein Wunsch zu verbergen scheint: meinen Mund zu bekommen. Er zwingt mich wieder zu seinem Schwanz hinunter, hält ihn fest, um ihn mir in den Mund zu schieben. Ich presse die Lippen zusammen: Nein, ich will nicht nachgeben.

Er hat keinerlei Gefühl für mich. Er leugnet es, für mich keine Hilfe mehr zu sein. Dabei hat dieses Zerrbild einer Analyse schon seit langem keinerlei Sinn und Nutzen mehr. Ich bin zutiefst davon überzeugt, daß sie auch dann versagen würde, wenn jeder von uns brav auf seinem Platz sitzen bliebe. Wir wären so voller Klagen und ständiger Vorwürfe, daß es unsere ganze Arbeit lähmen würde.

Warum will er meinen Trennungswunsch nicht zur Kenntnis nehmen? Er spielt mit meiner Angst und verstärkt sie noch, indem er die endgültige Entscheidung, die ich treffen muß, verteufelt. Dabei muß er doch wissen, daß allein die Art, wie dieser Bruch sich vollzieht, ihn auch möglich macht: Ich will damit sagen, daß es wahrscheinlich schon genügte, wenn er mir seine Hilfe zusicherte, die Möglichkeit, jederzeit wieder zu ihm zurückzukehren: Auf diese Weise könnte ich mich nach und nach von ihm entfernen, und der Gedanke, daß seine Tür mir noch immer offensteht, würde mir anfangs dabei helfen. Und nach ein paar Wochen würde mir mit einemmal klar, daß ich endgültig mit ihm gebrochen habe.

Ich bin gleich eingeschlafen, als ich nach Hause kam, aber selbst in meinem Schlaf konnte ich kaum die Angst vergessen, verlassen zu werden. Ohne Sachs habe ich keine Zukunft mehr, bin verloren. Den ganzen Tag lang haftet noch sein Eau de Toilette an mir, ein stummer Zeuge jener zärtlichen Nähe, nach der ich mich so sehne, trügerische Antwort auf mein Liebesbedürfnis.

*Rue Buffon, 27. Mai*
Unsere Blicke begegnen einander, ohne daß irgend etwas geschieht. Unsicher gehe ich die Treppe hinauf, stoße mich an dem Heizkörper.
»Welche Entscheidung haben Sie getroffen?«
»Das wissen Sie bereits: Ich werde nächste Woche nicht kommen. Das ist nicht leicht, ich brauche Ihre Hilfe... Sagen Sie mir, daß ich recht habe... Es ist einfach nicht möglich, so weiterzumachen, Sie verlieren Ihre Zeit und ich mein Geld...«
»Ich bin nicht Ihrer Meinung. Haben Sie an den nächsten Dienstagen einen Termin bei Dr. G...?«
»Ja.«
»Warum sind Sie dann heute hier?«
»Ich würde gern von Zeit zu Zeit noch einmal zu Ihnen kommen, um mir ein Rezept für Beruhigungsmittel zu holen. Das würde mir unsere Trennung erleichtern.«
»Sie brauchen keine Medikamente.«
»Doch. Sie helfen mir. Ohne sie würde ich wieder depressiv werden.«
Er schreibt mir ein Rezept aus und hält es mir hin. Er wirkt müde und angespannt. Ich glaube, er hat abgenommen. Er sagt, es hätte keinen Zweck, unser Gespräch noch weiter fortzusetzen. Ich bin erst seit zehn Minuten in seinem Sprechzimmer, ich war auf so etwas nicht gefaßt und bin jetzt voller Angst.
»Tun Sie das nicht, Sie machen mir damit die Trennung noch schwerer.«
Er verliert die Geduld:
»Ich habe akzeptiert, was Sie wollten, aber jetzt muß das ein Ende haben...« Ich stehe noch nicht auf, ja, ich glaube, meine Beine sind wie aus Watte. Er spielt mit einem Gummiband herum, das er um seinen Kuli gewickelt hat. Ich murmele:

»Sie sind ein Arschloch.«
Er zuckt die Schultern:
»Offenbar hilft Ihnen das, in mir den Bösewicht zu sehen.«
Mit unsicheren Schritten gehe ich zur Couch, nehme meine Tasche.
»Sie schulden mir zweihundertachtzig Francs.«
Fast wäre ich gegangen, ohne zu bezahlen. Ich gebe ihm dreihundert Francs. Er kann mir nicht herausgeben.
»Ich muß Ihnen zwanzig Francs schuldig bleiben.«
Er sieht mich herausfordernd an.
»Nein.« Ich zähle das Kleingeld in meinem Portemonnaie: 78,50 Francs. Das sind eine Menge Münzen. Er nimmt sie und sagt in völligem Ernst:
»Sie schulden mir 1,50 Francs.«
Ich flehe ihn an:
»Verlassen Sie mich nicht so...«
Er steht auf und geht zur Tür:
»Es hat keinen Zweck, eine falsche Beziehung weiterschleppen zu wollen.«
Ohne sich umzudrehen, geht er die Treppe hinunter. Ich übersehe seine ausgestreckte Hand und sage sehr traurig und mutlos:
»Es ist nicht recht von Ihnen, so zu handeln.«
Das sind meine letzten Worte; ich habe nicht einmal mehr Angst. Er geht zu weit, er ist wirklich gefährlich.

*Malakoff, 30. Mai*
Ich rufe Robert des öfteren an. Er bleibt neutral, ist gelegentlich verständnisvoll, meist aber unbeteiligt. Er sieht nur das Nächstliegende: die unumgängliche Trennung. Von meiner Trauer, meinem Verlassensein will er nichts wissen.
Die Stille in meiner Wohnung lastet auf mir. Im Augenblick fehlt mir ein Zimmer, irgendeine Ecke für mich allein.

*Malakoff, 31. Mai*
Für das Kostümfest in der Schule ist herrliches Wetter. Die Eltern sind da, die buntkostümierten Kinder: Manche Sachen sind einfach ausgeliehen, andere von den Müttern selbst ge-

schneidert. Ich fühle mich nicht betroffen: Ich bin keine richtige Mutter. Ich bin so entsetzlich müde, und obendrein habe ich eine unerträgliche Migräne...
Renaud ist mit den Kindern seiner Klasse an uns vorbeigegangen, anschließend haben sie getanzt. Diesmal ist er viel lockerer als letztes Jahr. Er ist ganz glücklich, will von mir etwas Geld für Crêpes, lädt einen Spielgefährten zu einem Fruchtsaft ein. Die Eltern unterhalten sich angeregt miteinander. Ich bleibe bewußt etwas abseits, fühle mich fehl am Platz. Es gibt nur wenige hier, mit denen ich reden könnte.

*Malakoff, 1. Juni*
Heute morgen wache ich auf, bin noch im Halbschlaf und muß plötzlich daran denken: Sachs ist nicht mehr da, ich werde ihn nie wiedersehen. Und dieses entsetzliche Gefühl, keine Zukunft mehr zu haben, nichts mehr wert zu sein, lähmt mich derart, daß ich am liebsten wieder einschlafen möchte. Ich weiß, es wäre besser, wenn ich jetzt aufstehen würde, aber ich fühle mich bleischwer. Ich bin noch immer nicht frei von meiner Kindheit. Jede Nacht tauchen Bruchstücke aus jener Zeit in meinen Träumen auf, in denen ich unablässig mit Konflikten, Auseinandersetzungen und Dramen konfrontiert werde: Und oft sehe ich mich darin als schüchternes, stotterndes, hilfloses kleines Mädchen.

*Malakoff, 3. Juni*
»Sachs, du fehlst mir so sehr...«
Sachs, seine Arme, sein Lächeln, sein Blick, seine dunklen Augen und sein braungebrannter Körper...
»Du fehlst mir, du fehlst mir so sehr.«
Heute abend ist es besonders hart. Ich weine.
Pierre und Renaud sind Schlittschuh laufen gegangen. Ich irre durch die Wohnung, habe zu nichts Lust. Der betäubende Duft der wilden Hyazinthen, die ich am Sonntag im Wald von Verrières gepflückt habe, zieht durch die ganze Wohnung. Ich höre Leonard Cohen; er wird für mich »fast gegenwärtig«.

*Rue Corvisart, 5. Juni*
Heute ist Streik. Ich kaufe einen Plan von Paris, um mich zurechtzufinden, und habe trotzdem Mühe. Dr. G... kommt auch zu spät und entschuldigt sich. Er ist teilnahmsvoll, hört mir zu, interpretiert sehr viel; dabei ist er darauf bedacht, daß ich ihn auch verstehe. Er wirkt sehr natürlich. Aber angesichts der ganzen Arbeit, die vor uns liegt, verliere ich fast den Mut: Es ist alles so verworren... Sachs hat meine Geschichte verdunkelt.
Trotzdem glaube ich, daß nicht alles negativ war. Auch wenn ich Sachs gegenüber immer das Gegenteil behauptet habe, fühle ich mich jetzt doch etwas selbstsicherer als früher. Die Männer schüchtern mich nicht mehr so ein. Meine Beziehung zu Dr. G... wird dadurch leichter, direkter und lebendiger. Ich arbeite besser im Büro. Aber mir scheint, daß Sachs mich endgültig für jede gefühlsmäßige und sexuelle Bindung mit den Männern unbrauchbar gemacht hat.
Manchmal glaube ich, ich lebe besser.

*Malakoff, 7. Juni*
Wie soll ich es nur fertigbringen, daß Renaud sich von seiner langen Hose trennt und einfach ein T-Shirt und Sandalen ohne Söckchen anzieht? Ich verliere die Geduld. Er will unbedingt solche neuen Shorts aus glänzendem Stoff wie die Fußballer oder Tennisspieler. Ich weigere mich, denn ich habe keine Lust, mich von seinen Starphantasien tyrannisieren zu lassen.

*Malakoff, 8. Juni*
Pierre ist mit Marielle ins Kino gegangen. Ich begleite Renaud zu seinem Freund Alexandre. Am späten Nachmittag erzählt Renaud mir:
»Alexandres Papa ist gekommen... und er hat zu der Mama gesagt:
›Halt die Schnauze.‹
Und sie hat geantwortet:
›Ich bitte dich... nicht vor den Kindern...‹ Und er hat gesagt:

›Warum denn nicht?‹«
Renaud steht vor mir, sieht mich fragend an. Ich gebe keine Antwort. Bevor er in sein Zimmer geht, streckt er mir die Zunge heraus.
Sachs fehlt mir, ich will nicht wieder ganz von vorne anfangen.

*Malakoff, 9. Juni*
Ein sonniger Tag. Alles ist mir gleichgültig. Sachs fehlt mir so sehr. Plötzlich nehme ich einen Briefbogen und schreibe ihm:
»Heute abend fühle ich mich so mutlos: Ich möchte Sie am liebsten bitten: ›Helfen Sie mir ein wenig.‹ Schon ein dutzendmal wollte ich Sie anrufen, aber ich tue es nicht, ich bin so entsetzlich vernünftig.
Sie fehlen mir.
Nie wieder Ihr Blick, wenn Sie mir die Tür zum Garten hin öffnen, nie wieder meinen Kopf an Ihrer Schulter, Ihre schützenden Arme, Ihre Hand auf meiner Brust.
Es ist hart, damit fertig zu werden.
Meine Auflehnung ist stumm, und ich kann sie nur Ihnen sagen.«
Ich gebe den Brief auf.
Ich rufe Robert an: Er hört mir zu, aber er versteht mich nicht recht. Vielleicht hat er es satt, meine ewigen Klagen zu hören, vielleicht findet er so viel Schwäche widerlich.

*Malakoff, 10. Juni*
Renaud bringt ein sehr gutes Zeugnis nach Hause und freut sich darüber.
Ich rufe in Brive an. Annie überlegt sich schon wieder einmal, ob sie nicht weggehen soll – was sie natürlich nie tut, aber ich habe den Eindruck, sie ist in ihrer Arbeit zufriedener. Sie träumt davon, nach Italien zu fahren. Ich ermuntere sie dazu.
Gestern ist mein Schal fertig geworden, und ich bin stolz auf meine Arbeit: Er ist sehr hübsch, und ich lege ihn auch gleich um.

*Mittwoch, 11. Juni*
Ich kann Renaud einfach nicht dazu bringen, sich anzuziehen. Um zwei Uhr schließlich habe ich es satt und werde energisch. Ich sage ihm, er soll sich die Zähne putzen, aber er spült seine Bürste anschließend nicht aus und läßt sie einfach so liegen. Er hat wenig zu Mittag gegessen und will jetzt unbedingt noch etwas, obwohl die Küche aufgeräumt ist. Ich bin so müde.

*Samstag, 14. Juni*
Ich gehe in die Eissporthalle; Renaud, Pierre und die kleinen Bortaud-Mädchen sind schon dort. Ich wundere mich über die lockere Art dieser jungen Schlittschuhläufer. Renaud will mir zeigen, daß er sie kennt – er kommt ja oft hierher. Ich schäme mich für ihn, als ich sehe, wie er um diese jungen Leute herumscharwenzelt, sie mit ihrem Vornamen anredet. Sein familiäres Getue paßt überhaupt nicht zu seinem schüchternen Wesen.

*Sonntag, 15. Juni*
Ich gehe allein ins Kino. Ich sehe mir eine alte Komödie an. Mein Lachen im Saal klingt fast fremd für mich. Als ich hinausgehe, stehen Polizeiwagen am Montparnasse. Es herrscht eine ungute Atmosphäre.

*Les Prades, 21. Juni*
Nachdenklich starre ich in das Kaminfeuer. Ich habe zwei Pullover übereinander angezogen und höre Schallplatten. Der Wind ist kalt, aber es ist strahlender Sonnenschein. Wir sind nach Plazel gegangen. Aufmerksam betrachte ich die verschiedenen Baumarten und versuche, mir die Besonderheiten ihres Blattwerks einzuprägen. Man merkt, daß bald Sommer ist. Ich schaue mir an, wo im lichten Unterholz die Blaubeeren wachsen: Es wird nicht mehr lange dauern, und das Farnkraut wird sie überwuchern, man sieht bereits die Spitzen aus dem Boden ragen.
Im Steinbruch werden wir von einem Hagel kleiner Kiesel empfangen. Ich entdecke Renaud, der sich hinter den Felsen

versteckt hat. Er unterhält sich mit Pierre, der das nicht sehr lustig findet, über Granaten, Bomben und Explosionen. Uns fällt ein, daß genau an diesem Ort Lilou an einem gewittrigen Abend vom Blitz getroffen wurde. Ich versuche, mich an sein Gesicht zu erinnern, aber es ist schon so lange her... Ich habe es vergessen. Im Unterholz pflücke ich einen großen Busch wilden Jasmin; ich pflücke ihn für Sachs, er ist für ihn bestimmt. Die anderen sind schon ein Stück vorausgegangen, und so kann ich Sachs, den Hügeln, den Wäldern und dem Dorf zurufen:

»Sie fehlen mir so schrecklich. Sie haben meine Liebe mit Füßen getreten, warum? Sachs, ich sehne mich so danach, daß Sie bei mir sind, ich rufe nach Ihnen, und plötzlich wird mir meine Einsamkeit unerträglich.«

Ich füge meinem Strauß noch einen Pinienzweig mit weichen hellgrünen Nadeln hinzu, an dem winzige Zapfen mit violetten Schuppen hängen.

*Malakoff, 23. Juni*

Der Bus steht vor dem Eingang zur Schule, und die Kinder drängeln sich hinein, ihren Beutel mit den Schwimmsachen in der Hand. Eine kleine Faust klopft an das Fenster: Mein kleiner Blondschopf sieht mich strahlend an. Ich freue mich so, wenn er glücklich ist.

Was mich sehr viel weniger freut, ist, daß er neuerdings, einen Notizblock in der Hand und mit energischer Geste, die Autofahrer anhält, um sich die Nummern der Wagen aufzuschreiben, die in die Tiefgarage fahren. Seit ein paar Tagen spielt er den Polizisten. Ich bitte ihn, mit diesem Spiel aufzuhören, aber Pierre hat es ihm erlaubt. Ich sage ihm, was daraus werden kann: Die Leute werden es satt bekommen und sich darüber ärgern, er hat kein Recht dazu, die Autos anzuhalten... Ich verliere die Geduld:

»Und außerdem... findest du es nicht auch bescheuert, den Bullen zu spielen...«

Er ist traurig und beleidigt, läßt sein Notizbuch liegen und nimmt sein Spielzeuggewehr, um hinunter in den Hof zu gehen.

»Und was willst du jetzt mit diesem Gewehr, wozu brauchst du das?«
»Ja, womit soll ich denn sonst spielen?«
Er sieht mich unglücklich und fragend an. Und ich weiß nicht mehr, was ich sagen soll, bin traurig und möchte am liebsten weinen... Sachs, Sie fehlen mir. Ich wage nicht mehr, Sie anzurufen, ich habe Angst, zurückgestoßen zu werden.

*Malakoff, 24. Juni*
Ich habe versucht, meine Beruhigungsmittel wegzulassen. Nach drei Tagen geht es mir immer schlechter. Meine Sehnsucht nach Sachs wird immer unerträglicher. Gestern wollte ich ihn anrufen, aber ich konnte den Hörer nicht einmal abheben, ich fing an zu zittern, mein Herz klopfte zum Zerspringen, und mir blieb die Stimme weg.

*Montparnasse, 25. Juni*
Ich rufe ihn an. Er fragt:
»Wie geht es Ihnen?«
»Nicht besonders gut...«
Er schweigt abwartend.
»Ich rufe Sie an, um Sie zu fragen, ob ich kommen kann...«
Er zögert einen Augenblick.
»Ja... Dienstag in einer Woche.«

*Rue Corvisart, 27. Juni*
Heute fühle ich mich wohl bei Dr. G... Er schlägt mir eine zweite Stunde pro Woche vor. Ich sage ihm, daß ich fürchte, nicht analysierbar zu sein. Er erwidert:
»Es hängt davon ab, was man unter analysierbar versteht...«
Er teilt mir seinen Eindruck mit: Es bestehe ein Bedürfnis auf meiner Seite, und er glaube auch, daß ich seine Interpretationen verstehe. Er wolle mit der Übertragung und der freien Assoziation arbeiten, eine orthodoxe Analyse halte er dagegen nicht für notwendig. Er spricht offen über mein Verlangen nach Berührung.

Ich erzähle ihm von gestern abend und wie unlogisch mir meine Reaktion erscheint. Pierre war fortgegangen; er wollte noch gern zum Montparnasse. Einen Augenblick später kommt er zurück, um seine Autoschlüssel zu holen. Marielle ist bei ihm.
»Die Damen möchten nicht gern zu Fuß gehen«, erklärt er mir.
Seine Worte treffen mich tief; ich fühle mich verlassen und leide darunter.
»Sie leiden, weil Sie Ihre Macht verlieren.«
»Ja... das genau ist es.«
Er fügt hinzu:
»Man sagt immer, vor allem die verwöhnten Kinder könnten es nicht akzeptieren, daß manche Dinge ihnen entgleiten. Aber es gibt auch die anderen, die wie Sie gelitten haben, die nicht leicht etwas aus der Hand geben können, weil sie immer auf sich selbst gestellt waren, sich immer allein durchkämpfen mußten...«

*Malakoff, 30. Juni*
Es ist jetzt fünf Wochen her, seit ich Sachs zum letztenmal gesehen habe. Aber er ist so gegenwärtig in mir, als hätte ich ihn erst gestern verlassen. Er fehlt mir, und die Zeit ändert nichts daran.

*Rue Buffon, 1. Juli*
Ich weiß nicht mehr, ob ich glücklich bin, Sachs zu sehen; die Angst deckt alles andere zu. Mir blieb keine Wahl; ich mußte einfach zu ihm gehen.
Ich habe mich sorgfältig zurechtgemacht, mit lila Rock und weißem T-Shirt: Ich finde, ich bin durchaus noch begehrenswert. Es ist kühl draußen, der Himmel ist grau. Ich bin pünktlich. Bei seinem Anblick spüre ich keine allzu große Rührung; ich finde, er sieht müde aus und hat abgenommen. Er schließt die Tür und dreht sich um. Ich schmiege mich in seine Arme.
»Wie geht es Ihnen?« fragt er leise.
»Nicht besonders... Und Ihnen?«

»Nun ja, so einigermaßen...«
Er hält mich zärtlich umfangen. Ich streiche ihm über das Haar, berühre mit den Fingerspitzen sein Gesicht.
»Sie fehlen mir...«
Ich mache mich von ihm los und setze mich in den Sessel.
»Und wie läuft es mit Pierre und Renaud?«
Ich erzähle ihm, daß sich mein Verhältnis zu Pierre noch verschlechtert hat und Renaud immer noch ziemlich schwierig ist.
»Und wie kommen Sie mit Dr. G... aus?«
»...«
Mit nachdenklicher Miene nimmt er ein dickes Buch aus dem Regal.
»Ich will nur nachsehen, ob es sich wirklich um den G... handelt, den ich kenne...«
Mit dem Finger fährt er eine Namensliste hinunter und meint dann in ärgerlichem Ton:
»Zu dumm, Ihrer ist kein Analytiker... Worüber spricht er mit Ihnen...?«
»...«
»Sehen Sie ihn regelmäßig?«
Ich ziehe es vor zu lügen:
»Tja... das heißt... nein... Wenn er einen Termin frei hat... Manchmal muß ich eine Stunde warten, für eine Stunde von zwanzig Minuten... Er kommt immer zu spät.«
»Und was soll ich für Sie tun? Warum sind Sie da?«
Seine Frage überrascht mich, ich weiß keine Antwort. Schließlich sage ich:
»Eine Übertragung herstellen, das kann jeder Dummkopf... Eine Ablösung ist dagegen mehr als schwierig.«
Er unterbricht mich gereizt:
»In Ihrem Fall handelt es sich nicht um Übertragung, sondern um Liebe.«
Er fügt, selbstsicher und mit gewinnendem Lächeln, hinzu:
»Sie haben von Anfang an Verlustängste gehabt, und Sie haben es vorgezogen, eigenmächtige Schritte zu unternehmen...«

»Aber Sie wissen genau, daß meine Besuche bei Ihnen keinen Zweck mehr hatten… Und offenbar waren Sie selbst davon so sehr überzeugt, daß Sie mir vor ein paar Monaten eine Stunde gestrichen haben. Dann haben Sie noch das Geld mit ins Spiel gebracht und Ihre Honorare erhöht…«
»Nein, das stimmt nicht… Nachdem Sie mir gesagt hatten, daß Sie die Analyse abbrechen wollten, konnte ich Ihnen beim besten Willen keine zwei Termine mehr geben. Und was die Honorarerhöhung anbelangt, davon waren alle meine Patienten betroffen…«
Ich glaube ihm nicht, aber ich will die Frage auch nicht vertiefen.
Dagegen gebe ich ihm zu bedenken:
»Vor einem Jahr ging es mir sehr schlecht, aber ich dachte keinen Augenblick daran, Sie dafür verantwortlich zu machen. Im Februar waren Sie eindeutig an meiner Depression schuld. Ich habe kein Vertrauen mehr zu Ihnen, Sie haben unverantwortlich gehandelt…«
»Aber Sie sind schließlich heute da.«
»Ja… Sie fehlen mir… Ihre Nähe, die Wärme Ihres Körpers fehlen mir…«
Ich finde ihn sehr anziehend und sage es ihm. Zaghaft bitte ich ihn:
»Ich möchte gern zu Ihnen kommen…«
»Kommen Sie doch!«
Er öffnet mir die Arme.
Flüchtig küßt er mein Haar, sucht nach meinen Brüsten, greift in den Ausschnitt meines T-Shirts, streichelt mein Knie, wandert dann weiter bis zu den Schenkeln, führt meine Hand zu meiner Scham, damit ich mich selbst streichle. Ich mache ihn darauf aufmerksam, daß noch immer keine Vorhänge am Fenster sind. Er steht auf, läßt mit großem Krach die Jalousie herunter. Ich weiß genau, was er will. Aber ich möchte, daß er in mich eindringt…
»Nein, nicht hier.«
»Warum? Finden Sie mich nicht begehrenswert genug?«
Er führt meine Hand zu seinem Glied:
»Glauben Sie das wirklich?«

»Werden Sie im Juli zu mir kommen?«
»Hoffen Sie, daß ich es ablehne?«
Ich protestiere heftig:
»O nein, ich wünsche mir so sehr, daß Sie kommen...«
Er antwortet nicht gleich:
»Rufen Sie mich nächste Woche an...«
Ich gebe ihm meinen Mund; er hält meinen Nacken mit festem Griff tief zu sich hinuntergebeugt. Ich bitte ihn, sich wieder anzuziehen, denn ich muß gleich gehen.
Er schreibt mir ein Rezept für Antidepressiva aus und fragt mich:
»Brauchen Sie auch eine Bescheinigung für die Krankenkasse?«
Ich zögere:
»Das hängt davon ab, ob ich Ihnen etwas schuldig bin...«
»Was meinen Sie?«
»Ich möchte diese Stunde lieber nicht bezahlen.«
»Schön, einverstanden.«

*Malakoff, 2. Juli*
Den ganzen Abend lang ist mir Renaud auf die Nerven gegangen: Er will sein Geld ausgeben, sein ganzes Geld, hat aber keine Ahnung, was er sich dafür kaufen soll. Ich bitte ihn ganz ruhig, vernünftig zu sein, weil ich müde bin... weil ich Sorgen habe...
»Was für Sorgen?«
»Weißt du, manchmal verstehe ich mich mit deinem Vater nicht so gut.«
»Na und, dann gebt euch doch ein bißchen Mühe! Wollt ihr euch scheiden lassen?«
»Ich weiß nicht... wir haben noch nicht darüber geredet...«
Er lächelt mich verschmitzt an und meint dann:
»Weißt du, ich verstehe mich mit Mimiche in der Schule auch nicht immer...«
Doch dann kommt er gleich darauf wieder auf seine eigenen Probleme zurück:
»Ich möchte mir etwas kaufen.«

*4. Juli*
Ich besuche Monique in der Entbindungsstation. Emilies kleines runzliges Gesichtchen und Monique, strahlend, erschöpft, mit überschwappenden Brüsten. Die Warzen sind fast daumengroß, und ihr Hof ist vergrößert und tiefbraun. Die faszinierende Schamlosigkeit der Mutterschaft. Ich fühle mich schuldig: Ich wollte Renaud nicht stillen.

*5. Juli*
Abendessen in Sceaux: Ich habe das Gefühl, daß Pierre seinen Eltern noch nicht klar genug gesagt hat, daß wir getrennt Urlaub machen werden. Seine Mutter erkundigt sich genauer. Ich sage zu ihr:
»Pierre fährt im Juli, ich im August.«
Sie fragt gequält lächelnd.
»Soll das etwa die Scheidung bedeuten?...«
Ich entgegne in ernstem Ton:
»Ja, wir werden uns trennen...«
Sie schweigt nachdenklich.
»Und wer sorgt für Renaud?«
»Ich wahrscheinlich...«
»Dann muß sich einer von euch beiden eine neue Wohnung suchen?«
»Das stimmt.«
Ich glaube, mein schwerhöriger Schwiegervater hat nichts mitbekommen. Er redet vom schlechten Wetter... Ich bin der Einsamkeit um einen Schritt näher.

*Malakoff, 7. Juli*
Mit klopfendem Herzen rufe ich ihn an. Eine Frauenstimme. Gleich darauf ist er am Apparat. Ich nenne meinen Namen. Er versteht schlecht, ich muß ihn wiederholen.
»Wie geht es Ihnen?«
Mit unsicherer Stimme erwidere ich:
»Nicht sehr gut...«
»Und weiter...«
»Mein Mann hat beschlossen, im September auszuziehen. Ich habe Angst... Kann ich Sie sehen?«

»... wie läuft es denn mit Dr. G...?«
»Ich möchte nicht darüber sprechen... Sie fehlen mir, ich möchte Sie gern sehen...«
»Rufen Sie mich in einiger Zeit wieder an.«
»Und warum haben Sie das letzte Mal nicht deutlich auf meine Frage geantwortet?«
»Auf Wiedersehen.«
Er hängt ein.
Nein, ich kann das nicht akzeptieren, es tut zu weh. Nein, ich kann nicht derart zurückgestoßen werden. Ich kann nicht. Nicht auf diese Art, ich bin zu schwach, zu erschöpft, zu allein. Ich kann nicht, ich habe nicht die Kraft. Ich habe nichts mehr. Ich verstehe ihn nicht.
Warum handelt er so? Es tut zu weh.
Weil ich ihn liebe, könnte ich es auch verstehen, daß er jede Begegnung außerhalb seines Sprechzimmers ablehnt. Ich würde seine Gründe gelten lassen...
Ich nehme mir vor, ihm Auszüge aus meinem Tagebuch zu lesen zu geben, damit er wenigstens begreift, was ich fühle, und versucht, mir zu helfen... Ich blättre darin, suche mir willkürlich eine Seite aus. Meine eigenen Worte erschrecken mich. Ich wähle seine Nummer und stammle unter Tränen:
»Ich habe Angst vor dem Fenster, ich bin allein, ich habe Angst...«
»Wer ist am Apparat?«
»Ich habe Angst vor dem Fenster.«
Ich schluchze haltlos.
Er wird ungeduldig:
»Wer ist am Apparat?«
»Joëlle Augerolles... Ich habe Angst... Ich habe bei meiner Nachbarin geklingelt, aber sie scheint nicht da zu sein. Ich habe Angst vor dem Fenster...«
Er schreit jetzt fast:
»Was kann ich dafür?«
Weinend wiederhole ich, wie groß meine Verzweiflung ist.
»Sie haben Angst, aus dem Fenster zu springen?«
»Ja...«
»Dann rufen Sie Dr. G... an.«

»Ich kann nicht, ich habe seine Telefonnummer nicht... Ich habe Angst...«
»Lassen Sie sich in ein Krankenhaus einweisen.«
»Ich habe Angst vor dem Fenster...«
»Jetzt hören Sie mir einmal zu. Entweder Sie beruhigen sich, oder Sie rufen Dr. G... an!«
Er ist offenbar außer sich und hängt einfach ein.
In einem Anflug von Klarsicht sage ich mir: Er wußte genau, daß dieser plötzliche Angstzustand mit meinem Anruf am Nachmittag zu tun hatte, aber er versuchte erst gar nicht, mir Zuversicht zu geben und mein Gefühl des Verlassenseins zu lindern. Ich bin keine zahlende Kundin mehr. Soll sich doch Dr. G..., ob nun Analytiker oder nicht, damit herumschlagen.
Ich kann mich noch an eine Stunde erinnern, in der ich ihm von einem tristen Nachmittag erzählte, von meiner Einsamkeit, nachdem ich im Kino gewesen war, und er mir antwortete: »Warum haben Sie mich denn nicht angerufen?« Wie lange ist das her! Er ist wirklich gefährlich und gemein!
Das Telefon läutet. Einen Augenblick glaube ich, er ist es, aber dann höre ich die fröhliche Stimme von Renaud aus weiter Ferne:
»Mama, wir wollen ein Feuerwerk machen... Bist du so lieb und schickst mir für den 14. Juli ein paar Knallfrösche und Raketen?«

*Malakoff, 9. Juli*
Es geht mir so schlecht.

*Malakoff, 10. Juli*
Ich halte es nicht mehr aus, ich rufe ihn um Viertel nach acht Uhr an, vor seinem ersten Termin.
Er erwidert kurz angebunden:
»Ich habe eine Patientin, rufen Sie mich morgen um die gleiche Zeit an.«
»Um acht Uhr...«
Er hat bereits eingehängt.

*Malakoff, 11. Juli*
»Joëlle Augerolles...«
»Ja?«
»Ich überlege mir, ob ich nicht die Behandlung bei Ihnen...«
»Ich habe gerade einen Termin. Am 14. Juli bin ich nicht da. Rufen Sie mich Dienstag zwischen acht Uhr und acht Uhr dreißig wieder an. Einverstanden? Auf Wiedersehen.«
Das ist alles.

*18. Juli*
»Hallo! Joëlle Augerolles am Apparat...«
Ich flehe ihn an:
»Bitte... hängen Sie nicht wieder ein...«
»Nein, ich hänge nicht ein.«
»Ich möchte Sie gern noch vor Ihrem Urlaub sehen...«
»Das ist nicht leicht... Können Sie... Donnerstag um drei Uhr nachmittags kommen?«
»Ja, natürlich, ich werde da sein.«

*Rue Buffon, 24. Juli*
Mir ist, als sei ich in eine Falle gegangen. Er sieht mich fragend an.
»Was kann ich für Sie tun?«
»Als ich Sie angerufen habe, wollte ich Sie bitten, die Analyse fortzusetzen, weil ich die Trennung nicht ertragen kann... Aber auf dem Weg hierher... habe ich gemerkt, daß ich nicht die Kraft dazu habe... Sie sollten es ablehnen, ich glaube, es wäre nicht gut für mich...«
»Sie kommen her und bitten mich, Sie wieder anzunehmen, aber Sie hoffen, daß ich mich weigere. Was sagen Sie zu diesem Widerspruch?«
»...«
»Im Augenblick sehe ich dazu keine Möglichkeit, aber wir können später noch einmal darüber reden. Sind Sie wirklich gekommen, um die Analyse fortzusetzen?«
»Nein, ich könnte es gar nicht... Wenn ich Sie sehe, bin ich wie gelähmt, es geht einfach nicht... Ich habe zu große Angst...«

»Kommen Sie mit Dr. G... nicht klar?«
Ich zögere und lüge wieder:
»Das heißt... Ich sehe ihn nicht regelmäßig...«
»Ja... ich verstehe... Soll ich versuchen, einen anderen Analytiker für Sie zu finden?«
»Nein! Auf keinen Fall.«
»Nehmen Sie keine Medikamente mehr? Sie könnten Dr. P... wieder aufsuchen...«
»O nein! Der ist nicht besser als Sie!«
Ein selbstgefälliges Lächeln huscht über seine Züge. Ich fahre fort:
»Nicht, daß ich an seinen beruflichen Fähigkeiten zweifle, aber wenn er mich innerhalb von zwei Wochen dreimal zu sich bestellt... Und das nur wegen ein paar Beruhigungsmitteln, dann halte ich das für unredlich...«
Das gleiche selbstgefällige Lächeln.
»Übrigens könnte ich dann genausogut zu einem Arzt in meinem Viertel gehen, ein Rezept bekäme ich von ihm auch...«
Er schweigt.
Ich frage ihn leise:
»Ich begreife Ihr Verhalten nicht. Warum haben Sie mir nicht klipp und klar gesagt, als wir uns das letzte Mal gesehen haben, daß Sie nicht die Absicht haben, jemals zu mir zu kommen? Warum? Schon vor einem Jahr hätten Sie mir das sagen sollen... Wie kann man nur so feige sein. Wenn ich Sie anrufe, hängen Sie einfach ein. Für Sie hat das weiter keine Bedeutung, aber ich leide darunter noch tagelang. Sie hätten mir schon seit langem sagen können, daß Sie in Wirklichkeit nie daran gedacht haben, mich woanders zu treffen, warum haben Sie das nicht getan? Ich hätte Ihre Gründe akzeptiert, weil ich Sie liebe... Warum haben Sie mir ganz grundlos solches Leid zugefügt?«
Er ist aufmerksam, läßt keinerlei Gefühlsregung erkennen und antwortet ruhig, ganz und gar Analytiker:
»Ich muß Sie auf einen wesentlichen Punkt aufmerksam machen... Sie kommen zu mir, fordern mich auf, Sie wieder zur Analyse anzunehmen, aber gleichzeitig bitten Sie mich, es ab-

zulehnen... Sie waren stets darauf bedacht, die Dinge unmöglich zu machen...«
Ich falle ihm ins Wort, mit Tränen in der Stimme:
»Das ist nicht wahr! Für Anfang Juli stimmt das nicht, da habe ich nichts getan... Ich wollte so gern, daß Sie zu mir kommen.«
Er fährt unerbittlich fort, betont jede einzelne Silbe:
»Bei Ihnen handelt es sich um ein zwanghaftes Verhalten, das...«
Ich schreie ihn an:
»Lassen Sie doch endlich Ihre blöden Interpretationen. Und zeigen Sie einmal ein bißchen Mut! Warum haben Sie mir nicht klar und deutlich gesagt, daß Sie nie zu mir kommen wollten? Warum? Ihre Ausreden haben meine Angst gesteigert, Sie haben unverantwortlich gehandelt. Ich ertrage es nicht, so zurückgestoßen zu werden, ich leide zu sehr darunter.«
»Ich wiederhole noch einmal, und das ist sehr wichtig: Sie äußern eine Bitte und versuchen gleichzeitig, das Gewünschte unmöglich zu machen...«
»Das ist nicht wahr!«
Er verliert jetzt seine Gelassenheit:
»Es steht Ihnen frei, mir nicht zu glauben.«
»Für Anfang Juli stimmt das nicht... Nennen Sie mir einen Hinderungsgrund, den ich vorgebracht hätte.«
»So aus den Stegreif... fällt mir nichts ein...«
»Was Sie sagen, ist vielleicht für andere Verhältnisse zutreffend, aber was uns angeht, glaube ich das einfach nicht. Sie sind mit sich selbst nicht im reinen, das ist es...«
Es ist aus, ich werde nichts erreichen. Nie wird er das sagen, was ich hören will.
Er steht auf, geht zur Tür. Ich bitte ihn inständig:
»Nein, ich kann so nicht gehen. Nehmen Sie mich einen Augenblick in die Arme.«
Er stößt mich wütend zurück:
»Nein. Nach allem, was zwischen uns geschehen ist? Nein, das kommt nicht in Frage.«
Ich weine, flehe ihn an:

»Ich bitte Sie...«
»Nein, ich erwarte gleich die nächste Patientin... Ich habe Ihren Termin dazwischengeschoben...«
Er stößt mich zurück.
»Ich kann so nicht gehen...«
Ich klammere mich an seiner Schulter fest:
»Ich bitte Sie... nur einen Augenblick... Ich verspreche Ihnen, ich rufe Sie auch nicht mehr an... ich werde Sie nicht mehr belästigen... Nur eine Sekunde lang möchte ich mich noch an Ihre Schulter lehnen.«
Er versucht, sich loszumachen, aber ich halte ihn an seiner Jacke fest. Er wiederholt, gereizt und ungehalten, die nächste Patientin müsse gleich da sein. Ich glaube ihm nicht: Es hat noch niemand geläutet.
Sein kalter Blick, seine abweisende Miene...
Ich lasse ihn los, lehne mich gegen die Wand... Meine Tasche, ich halte mich am Geländer fest, während ich die Treppe hinuntergehe... Die Tür, die er hinter mir zuschlägt, meine zögernden Schritte auf dem Gartenweg...
Draußen warte ich. Eine ganze Weile. Schritte hinter mir... Eine Frau, sie nennt ihren Namen durch die Gegensprechanlage: Marie-Laure. Ich höre, wie die Tür aufgeht.
Nein, ich kann mich nicht umdrehen, um zu sehen, ob sie durch den Garten geht. Ich bin jenseits des Schmerzes, unter Narkose.
Reglos, mit weit aufgerissenen Augen, erkenne ich nichts.

*Februar 1989*
Ich habe überlebt.
Drei Jahre lang hat Dr. G... mich auf der Suche nach meiner Freiheit begleitet, hat mich in meiner Beziehung zu Renaud unterstützt.
Pierre ist ausgezogen; er hat sich eine Wohnung in einem Nachbarviertel genommen.
Ich habe gelernt zu lächeln.
Ich lebe besser. Und Renaud auch.

Ich höre noch immer jene Tür, die hinter mir zuschlägt. Und ich versuche heute, mich endgültig davon zu befreien, indem ich diesen Bericht über den wahnwitzigen Weg, den ich zurückgelegt habe, veröffentliche.